"一带一路"国家知识产权法译丛

巴基斯坦知识产权法

重庆知识产权保护协同创新中心
西南政法大学知识产权研究中心 ◎组织翻译
马海生◎译
易健雄◎校

知识产权出版社
全国百佳图书出版单位
—北京—

图书在版编目（CIP）数据

巴基斯坦知识产权法/重庆知识产权保护协同创新中心，西南政法大学知识产权研究中心组织翻译；马海生译. —北京：知识产权出版社，2025.2. —（"一带一路"国家知识产权法译丛）. —ISBN 978-7-5130-9902-8

Ⅰ. D935.534

中国国家版本馆 CIP 数据核字第 2025QC8895 号

内容提要

本书收录了巴基斯坦的版权条例、专利条例、注册外观设计条例、商标法和知识产权组织法的中文译本，详细介绍了巴基斯坦在知识产权保护方面的法律框架和实施细节。本书不仅可以帮助学者、法律从业者和企业管理者理解和掌握巴基斯坦知识产权保护的具体措施和政策，而且有助于他们研究和处理在巴基斯坦的法律事务和商业运营。本书可作为知识产权领域从业人员、高校法学院师生的工具书。

责任编辑：章鹿野　房　曦	责任校对：潘凤越
封面设计：杨杨工作室·张　冀	责任印制：刘译文

巴基斯坦知识产权法

重庆知识产权保护协同创新中心　　　组织翻译
西南政法大学知识产权研究中心

马海生　译
易健雄　校

出版发行	知识产权出版社有限责任公司	网　　址	http://www.ipph.cn
社　　址	北京市海淀区气象路 50 号院	邮　　编	100081
责编电话	010-82000860 转 8338	责编邮箱	zhluye@163.com
发行电话	010-82000860 转 8101/8102	发行传真	010-82000893/82005070/82000270
印　　刷	三河市国英印务有限公司	经　　销	新华书店、各大网上书店及相关专业书店
开　　本	720mm×1000mm　1/16	印　　张	13.5
版　　次	2025 年 2 月第 1 版	印　　次	2025 年 2 月第 1 次印刷
字　　数	230 千字	定　　价	90.00 元
ISBN 978-7-5130-9902-8			

出版权专有　侵权必究
如有印装质量问题，本社负责调换。

序 言

自我国于2013年提出"一带一路"倡议以来，我国已与多个国家和国际组织签署了200多份合作文件。"一带一路"倡议的核心理念已被纳入联合国、二十国集团、亚太经济合作组织、上海合作组织等诸多重要国际机制的成果文件中，成为凝聚国际合作共识、持续共同发展的重要思想。国际社会业已形成共建"一带一路"的良好氛围，我国也在基础设施互联互通、经贸领域投资合作、金融服务、人文交流等各项"一带一路"建设方面取得显著成效。国家也号召社会各界对加入"一带一路"建设的各个国家和国际组织的基本状况、风土人情、法律制度等多加介绍，以便相关人士更好地了解这些国家和国际组织，为相关投资、合作等提供参考。

基于此背景，重庆知识产权保护协同创新中心与西南政法大学知识产权研究中心（以下简称"两个中心"）响应国家号召，结合自身的专业特长，于2017年7月启动了"一带一路"国家知识产权法律的翻译计划。该计划拟分期分批译介"一带一路"国家的专利法、商标法、著作权法等各项知识产权法律制度，且不做"锦上添花"之举，只行"雪中送炭"之事，即根据与中国的经贸往来、人文交流的密切程度，优先译介尚未被翻译成中文出版的"一带一路"国家的知识产权法律制度，以填补国内此类译作的空白。确定翻译方向后，两个中心即选取了马来西亚、斯里兰卡、巴基斯坦、哈萨克斯坦、以色列、希腊、匈牙利、罗马尼亚、捷克、澳大利亚等十国的专利法、商标法、著作权法作为翻译对象。第一期的专利法、第二期的商标法、第三期的著作权法翻译工作已经完成，并先后于2018年10月、2021年7月、2023年7月各出版两辑。六辑译作出版后，得到了良好的社会评价，《中国知识产权

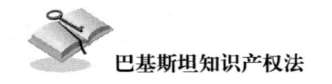

报》在 2022 年 1 月 14 日第 11 版和 2023 年 8 月 18 日第 11 版分别对该译作作了专题报道。

2018 年 10 月至今，十国知识产权法多有修订之处，同时为了方便读者集中查询一国专利、商标、著作权等知识产权法律规定，两个中心随即以前三期翻译工作为基础，启动了第四期以国别为单位的翻译工作，并确定由各国专利法、商标法、著作权法的原译者分别负责该国知识产权法律的译介工作，包括根据相关法律最新修订文本重新翻译、对该国的知识产权法律状况作一整体的勾勒与评价等。该项工作历经前期整理、初译、校对、审稿、最终统校等多道程序后，终于完成，以国别为单位分成十本图书出版，"国名 + 知识产权法"即为书名。

众所周知，法条翻译并非易事。尽管译校者沥尽心血，力求在准确把握原意基础之上，以符合汉语表达习惯的方式表述出来，但囿于能力、时间等各方面因素，最终的译文恐仍难完全令人满意，错漏之处在所难免。在此恳请读者、专家批评指正。无论如何，必须向参与此次译丛工作的师生表示衷心的感谢。按国别对译者记录如下：牟萍（马来西亚），王广震（斯里兰卡），马海生（巴基斯坦），田晓玲、陈岚、费悦华（哈萨克斯坦），康添雄（以色列），廖志刚、廖灵运（希腊），秦洁、肖柏杨、刘天松、李宇航（匈牙利），郑重、陈嘉良、黄安娜（罗马尼亚），张惠彬、刘诗蕾（捷克），曹伟（澳大利亚）。此外，易健雄老师承担了此次翻译的主要组织工作，并为译稿作了最后的审校。最后，感谢知识产权出版社的大力支持，使译稿得以出版。

2024 年是共建"一带一路"奔向下一个金色十年的开局之年。唯愿这四期"一带一路"国家知识产权法律翻译工作能为"一带一路"的建设稍尽绵薄之力，在中国式现代化建设中实现两个中心的专业价值。

重庆知识产权保护协同创新中心
西南政法大学知识产权研究中心
2024 年 11 月 26 日

前　言

巴基斯坦已经建立了较为完备的知识产权法律法规体系，其法规涵盖了版权、专利、工业设计、商标、地理标志、集成电路布图设计等主要知识产权领域。

版权领域的法律法规主要由巴基斯坦版权条例和巴基斯坦版权细则组成。巴基斯坦版权条例（1962 年颁布，2000 年修订）对范围广泛的作品赋予版权，并为广播组织、表演者和录音制品（声音录制）制作者设立了邻接权。该条例就版权的登记、归属、行使、期限、权利限制（合理使用、强制许可）、国际保护、侵权及权利救济、侵权刑事责任等方面作出了详细规定，还对表演权协会透明度作出了规定。巴基斯坦版权细则的主要内容涵盖版权登记、翻译许可、录音制作、表演权管理、侵权执法等方面，旨在为巴基斯坦版权条例提供操作性规范。这些规定通过明确登记流程、许可条件、费用标准及争议解决机制，构建了从版权确权到行政执法的全链条制度框架。

专利领域的法律法规主要由巴基斯坦专利条例和巴基斯坦专利细则组成。巴基斯坦专利条例（2000 年颁布，2002 年修订）构建了专利保护框架，主要内容涵盖可专利性标准（新颖性、创造性及工业实用性，不可专利对象）、专利申请与审查机制、专利权的内容与限制、专利强制许可与公共利益干预、侵权救济与诉讼规则、国际协调与程序规范等方面；该条例同时细化行政程序，明确巴基斯坦专利管理部门的职能、费用标准及代理人执业规范。巴基斯坦专利细则（2003 年颁布）主要就专利申请程序、文件规范、审查与异议、专利维持、专利代理等方面的具体问题为巴基斯坦专利条例提供操作性规范。

工业设计领域与知识产权有关的法律法规主要包括巴基斯坦注册外观设计条例和巴基斯坦注册外观设计细则，它们不隶属于巴基斯坦专利法规体系。巴基斯坦注册外观设计条例（2000年颁布）主要就外观设计注册条件（新颖性、独创性）及注册程序、注册保护期、权利内容和侵权豁免、注册簿管理、注册官职权、国际安排、法律程序补充、犯罪与处罚等方面作出了规定。巴基斯坦注册外观设计细则（2023年颁布）的内容主要是关于外观设计注册申请、公约申请、注册后管理、注册程序争议处理、注册簿管理等。

商标领域的法律法规主要由巴基斯坦商标法和巴基斯坦商标细则组成。巴基斯坦商标法是在修订2001年巴基斯坦商标条例的基础上于2023年颁布的。该法主要内容包括注册管理、注册商标专有权、侵权行为及侵权例外、侵权救济措施、国际协调（落实《保护工业产权巴黎公约》保护驰名商标，并纳入马德里商标国际注册流程，规范指定巴基斯坦的国际商标保护与转换机制等）、禁止不正当竞争与误导性广告、商标转让与许可、违法处罚、注册簿维护等方面。该法还针对纺织品设定注册限制。巴基斯坦商标细则（2004年颁布）主要内容涉及商品和服务的国际分类标准、商标注册申请的提交要求、申请公告程序、异议通知、注册完成通知及注册簿条目内容、分案申请、集体商标和证明商标申请的特殊程序、商标续展、商标转让和许可、费用裁决、向高等法院上诉、听证程序等方面。

地理标志领域的法律法规主要由巴基斯坦地理标志（注册和保护）法和巴基斯坦商品地理标志（注册和保护）细则组成。巴基斯坦地理标志（注册和保护）条例（2020年颁布）的主要内容包括地理标志注册处及注册官，地理标志注册标准、注册程序、注册主体及授权用户排他使用权及侵权救济（禁令、赔偿等）等。巴基斯坦商品地理标志（注册和保护）细则（2020年颁布）主要规定了地理标志的注册程序、授权用户、注册的续展和恢复、注册簿的更正和修改、说明与商标相关的特别规定等内容。

集成电路布图设计领域的法律法规主要是巴基斯坦集成电路布图设计注册条例。该条例颁布于2000年，主要涵盖集成电路布图设计的原创性标准、权利的归属、转让、保护期限、注册申请的流程、登记簿的维护、所有权变更、许可、取消注册、侵权、刑事处罚和民事救济、权利限制等方面。

为了更有效地执行知识产权法规，加强知识产权管理，巴基斯坦设立了巴基斯坦知识产权组织。巴基斯坦知识产权组织成立于2005年4月8日，旨在通过统一管理体系推动知识产权的综合有效管理。该组织整合了巴基斯坦

前　言

的商标、版权和专利等知识产权的管理，形成集中化知识产权管理框架。巴基斯坦知识产权组织主要职能包括：统筹政府知识产权保护机制、协调巴基斯坦知识产权局运作、提升公众知识产权意识、为巴基斯坦政府提供政策建议，并通过警察和海关等执法部门强化知识产权保护。其愿景是"将巴基斯坦建设为全球知识产权版图中合规、负责任的国家"，使命则聚焦于整合升级基础设施、优化服务交付、加强公众教育和执法协调，最终实现"以知识产权立国"的目标。在治理结构上，巴基斯坦知识产权组织采用公私合作模式，政策委员会由公共部门代表、私营领域成员及省级代表共同组成。巴基斯坦知识产权组织主席兼任政策委员会主席，总干事作为职能负责人负责日常运营。巴基斯坦知识产权组织的设立和运作主要基于巴基斯坦知识产权组织法、巴基斯坦知识产权组织（服务）细则、巴基斯坦知识产权组织（财务）细则。巴基斯坦知识产权组织法颁布于 2012 年，主要内容涉及巴基斯坦知识产权组织的组织架构与行政管理、职能、司法管辖、资金与审计、规则制定授权、执法协作等。巴基斯坦知识产权组织（服务）细则和巴基斯坦知识产权组织（财务）细则均颁布于 2022 年。前者主要规范了巴基斯坦知识产权组织的人力资源管理及相关服务规则，涵盖组织结构、雇佣流程、薪酬福利及纪律管理等方面；后者主要规定了巴基斯坦知识产权组织的财务管理框架，涵盖资金运作、预算编制、会计审计及采购流程。

　　为了帮助读者较为系统地了解巴基斯坦的知识产权法律法规体系，译者选取了巴基斯坦部分主要的知识产权法律法规加以翻译。译文以巴基斯坦知识产权组织官网发布的法律法规英语版本以及世界知识产权组织（WIPO）官网发布的法律法规英语版本为基础，相互参酌。由于水平所限，翻译中难免存在错漏或者译法分歧之处，敬请读者不吝批评指正！

译者
2024 年 12 月

译者简介

马海生,法学博士,西南政法大学副教授,兼职律师、仲裁员,重庆市法学会知识产权法学研究会理事。主要研究成果聚焦于专利许可领域;主持或主研国家社会科学基金、教育部、中国法学会、重庆市教育委员会、重庆市科学技术局、重庆市知识产权局等科研项目十余项;代表性著作有《专利许可的原则》等,在核心期刊发表论文十余篇。

出版说明

重庆知识产权保护协同创新中心和西南政法大学知识产权研究中心于2017年组织开展了"一带一路"建设主要国家知识产权法律法规的翻译工作,形成了这套"'一带一路'国家知识产权法译丛",凝聚了两个中心众多专家学者的智慧和心血。

本套丛书采用国家分类的编排方式,精选"一带一路"建设主要国家最新的知识产权法律法规进行翻译,包括著作权法、专利法、商标法等,旨在为中国企业、法律工作者、研究人员等提供权威、准确的法律参考,助力"一带一路"建设。然而,由于各国法律体系、文化背景、语言习惯上的差异,其知识产权法律法规的翻译工作也面临着诸多挑战,例如有些国家法律文件的序号不够连贯。有鉴于此,在本套丛书翻译和编辑出版过程中,对遇到的疑难问题、文化差异等,会进行必要的注释说明,帮助读者更好地理解原文。本套丛书翻译过程中始终坚持以下原则。

第一,以忠实原文为第一要义,力求准确传达原文含义,避免主观臆断和随意增减。在翻译过程中,各位译者参考了大量权威法律词典、专业文献和案例,确保术语准确、表述规范。

第二,充分尊重各国法律体系和文化背景的差异,在忠实原文的基础上,尽量保留原文的语言风格和表达方式。

第三,在保证准确性的前提下,力求译文通顺流畅、易于理解,方便读者阅读和使用。

真诚期待各位读者对本套丛书提出宝贵意见。

目　　录*

版权条例

第1章　序　　言 ……………………………………………… 3
第2章　版权、版权归属和权利人的权利 …………………… 9
第3章　版权的期限 …………………………………………… 12
第4章　广播组织、表演者和录音制品（声音录制）
　　　　制作者的权利 ……………………………………… 14
第5章　作品版式的权利 ……………………………………… 15
第6章　表演权协会 …………………………………………… 15
第7章　许　　可 ……………………………………………… 17
第8章　版权登记 ……………………………………………… 18
第9章　版权局、版权局局长和版权委员会 ………………… 20
第10章　向公共图书馆提供书籍和报纸 …………………… 22
第11章　国际版权 …………………………………………… 23
第12章　版权侵权 …………………………………………… 25
第13章　民事救济 …………………………………………… 29
第13A章　进出口禁令 ……………………………………… 32
第14章　犯罪及罚则 ………………………………………… 33
第15章　上　　诉 …………………………………………… 36
第16章　其他规定 …………………………………………… 37

---

* 此目录由本书收录的法律文件正文提取，序号遵从原文，仅便于读者查阅。——编辑注

专利条例

第 1 章　序　　言 …………………………………… 43
第 2 章　行政管理 …………………………………… 45
第 3 章　可专利性 …………………………………… 46
第 4 章　申　　请 …………………………………… 47
第 5 章　申请的审查 ………………………………… 50
第 6 章　对授予专利的异议 ………………………… 54
第 7 章　对特定发明保密的规定 …………………… 55
第 8 章　专利授予和盖印 …………………………… 56
第 9 章　关于发明权利的其他规定 ………………… 59
第 10 章　附加专利 ………………………………… 62
第 11 章　说明书的修改 …………………………… 63
第 12 章　失效专利的恢复 ………………………… 64
第 13 章　专利的撤销和放弃 ……………………… 65
第 14 章　专利局局长的权力 ……………………… 66
第 15 章　专利登记 ………………………………… 68
第 16 章　强制许可、权利许可、专利实施和专利撤销 …… 70
第 17 章　专利侵权诉讼 …………………………… 72
第 18 章　上　　诉 ………………………………… 76
第 19 章　处　　罚 ………………………………… 77
第 20 章　专利代理人 ……………………………… 79
第 21 章　国际安排 ………………………………… 81
第 22 章　其他规定 ………………………………… 82

注册外观设计条例

第 1 章　序　　言 …………………………………… 89
第 2 章　可注册外观设计及注册程序 ……………… 91
第 3 章　注册的效力等 ……………………………… 93
第 4 章　国际安排 …………………………………… 94
第 5 章　外观设计注册簿等 ………………………… 95
第 6 章　法律程序的补充规定 ……………………… 98

第 7 章	注册官的权力和职责	99
第 8 章	犯罪和处罚	100
第 9 章	其他规定	101

商标法

第 1 部分		105
第 1 章	序　　言	105
第 2 章	注册官、商标注册处和商标注册	112
第 3 章	注册程序与注册期间	118
第 4 章	注册及其效力	126
第 5 章	侵权程序	130
第 6 章	侵权商品、材料或物品的进口	133
第 7 章	不正当竞争和比较广告	139
第 8 章	转让和传承	141
第 9 章	商标使用和被许可人	143
第 10 章	《巴黎公约》	148
第 10A 章	商标国际注册	152
第 11 章	纺织品的特别规定	156
第 12 章	注册簿的更正和修改	156
第 13 章	违法、处罚和程序	157
第 14 章	其他条款和一般性规定	161
附件 1	集体商标	171
附件 2	证明商标	174
附件 3	域　　名	177
附件 4	过渡性规定	178

知识产权组织法

第 1 部分		187
附　　表		200

版权条例

·1962年第34号条例·

版权条例[*]

[1962年版权条例，经2000年9月29日
2000年版权（修订）条例修订]

本条例系修订及合并版权相关法律。

鉴于修订及合并版权相关法律之必要，根据1958年10月7日的公告，巴基斯坦总统行使其在此方面的一切权力，制定并颁布下列条例。

第1章 序　　言[**]

第1条 简称、效力范围和生效日期

（1）本条例可称为1962年版权条例。

（2）本条例适用于巴基斯坦全境。

（3）本条例自联邦政府在官方公报中指定之日起生效。

第2条 定　　义

在本条例中，除非与主题或上下文有抵触之处，否则：

（a）改编：

（i）就戏剧作品而言，指将其转化为非戏剧作品；

（ii）就文学作品或艺术作品而言，指通过公开表演或其他方式将其转化为戏剧作品；

（iii）就文学作品或戏剧作品而言，指作品或作品任何版本的删节，使其故事或情节全部或主要通过适用在图书、报纸、期刊或同类期刊上复制的图像形式传达；

---

[*] 本译文根据巴基斯坦知识产权组织官网发布的巴基斯坦伊斯兰共和国（以下简称"巴基斯坦"）版权条例英语版本翻译。——译者注

[**] 本书法律文本的层级的序号排列遵从原文翻译，未作修改。——译者注

（ⅳ）就音乐作品而言，指对该作品的编排或改编；

（b）建筑艺术作品，指任何具有艺术特征或设计的建筑物或构筑物，或此类建筑物或构筑物的模型；

（c）艺术作品，指：

（ⅰ）绘画、雕塑、素描（包括图形、地图、图表或设计图）、雕刻或照片，无论这些作品是否具有艺术水准；

（ⅱ）建筑艺术作品；及

（ⅲ）任何其他工艺美术作品；

（ca）视听作品，指由一系列相关画面以及可能出现的伴声组成的作品，该等画面本质上是通过使用机器或设备（如投影仪、幻灯机或电子设备）显示，不论作品所在的实物（如胶片或磁带）的性质；

（d）作者：

（ⅰ）就文学或戏剧作品而言，指该作品的作者；

（ⅱ）就音乐作品而言，指作曲者；

（ⅲ）就照片以外的艺术作品而言，指艺术家；

（ⅳ）就照片而言，指拍摄者；

（ⅴ）就电影作品而言，指该电影作品完成时的所有者；及

（ⅵ）就唱片而言，指在制作版本时据以进行录制的母版的所有者；

（e）委员会，指根据本条例第45条设立的版权委员会；

（f）图书，包括以任何语言书写的各卷或分卷、小册子，以及单独印刷或平版印刷的乐谱、地图、图表或平面图，但不包括期刊或报纸；

（g）日历年，指从1月1日开始的年度；

（h）电影作品，指记录在任何类型材料上（无论是否透明），通过演示（回放、显示）传达动态感的视觉画面序列，包括各种类型的录像，无论是无声还是有伴声；

（ha）复制件，包括用任何方法固定作品以及可以直接或借助仪器或设备感知、复制或以其他方式传播作品的实物；

（hb）仿制件，指模仿另一复制件且看上去像是真实复制件但不是真实复制件的复制件；

（i）传送，就演讲而言，包括通过任何机械仪器、广播或电视广播的传送；

（j）戏剧作品，包括任何以书面或其他形式固定的朗诵、舞蹈或哑剧娱

乐作品，但不包括电影作品；

（k）版画，包括除照片外的蚀刻版画、平版印刷画、木刻版画、印刷品和其他类似的作品；

（l）独占许可，指授予被许可人或被许可人及其授权的人作品版权中所包含的任何权利，而排除所有其他人（包括版权人）的许可，独占被许可人应据此解释；

（m）政府作品，指在下列机构指导或控制下创作或出版的作品：

（i）政府或政府的任何部门；或

（ii）巴基斯坦的任何法院、裁判庭或其他司法或立法机关；

（n）侵权复制件：

（i）就文学、戏剧和艺术作品而言，指非电影作品形式的复制件；

（ii）就电影作品而言，指该作品的复制件或包含电影配乐在内的任何部分的唱片；

（iii）就唱片而言，指任何包含相同内容的唱片；

（iv）就根据第24条享有广播复制权的节目而言，指录制该节目的唱片，如该复制件、录像或唱片是在违反本条例任何规定的情况下制作或进口；

（o）演讲，包括授课、演说和布道；

（p）文学作品，包括人文、宗教、社会和自然科学、表格、任何形式的数据或其他材料的汇编和计算机程序（即记录在任何光盘、磁带、多媒体介质或其他信息存储设备上，输入计算机或基于计算机的设备中，能够复制任何信息的程序）；

（q）原稿，指体现作品的原始文件，无论是否手写；

（r）音乐作品，指通过印刷、书写、图形或其他形式制作或复制的任何旋律与和声的组合，或其中的任何一种；

（s）报纸，指根据1960年新闻出版条例（1960年第15号）第5条、第6条、第7条和第8条规定出版的载有公共新闻或对公共新闻的评论的任何印刷定期出版物；

（t）巴基斯坦作品，指其作者是巴基斯坦公民的文学、戏剧、音乐或艺术作品，包括在巴基斯坦创作或生产的电影作品或唱片；

（u）表演，包括任何视觉或听觉呈现形式，诸如通过电影作品展览、广播或使用唱片或任何其他方式，就演讲而言，包括演讲的传送；

（v）表演权协会，指在巴基斯坦从事颁发或授予作品在巴基斯坦境内表

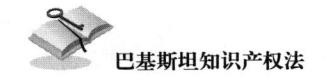

演许可业务的团体、协会或其他机构，不论其是否注册；

（va）期刊，包括具有独特标题，通常包含由多位撰稿者撰写的文章，旨在以连续编号，定期或不定期出版，没有出版期限的出版物；

（w）照片，包括照相平版印刷品和任何通过类似于摄影方法所产生的作品，但不包括电影作品的任何部分；

（x）印版，包括用于或拟用于印刷或复制作品复制件的任何铅板或其他印版、石版、雕版、模具、基质、转印版、底片、磁带、磁线、光学胶片或其他装置，以及用于或拟用于制作作品声音表演的唱片的任何基质或其他装置；

（y）规定的，指根据本条例规则所规定的；

（z）公共图书馆，指位于伊斯兰堡的巴基斯坦国家图书馆以及联邦政府通过政府公报公告宣布的其他图书馆；

（za）无线电传播，包括通过任何无线传播方式向公众传播，无论是以声音或视觉画面的形式还是两者兼有；

（zb）唱片，指任何光盘、磁带、磁线、穿孔带或其他能够从中再现声音的设备，但电影配乐音轨除外；

（zc）录音，指包含于唱片中并能通过唱片再现的声音的集合；

（zcc）出租，指授权在有限的时间内使用计算机程序或电影作品的原件或复制件；

（zd）复制，就文学、戏剧或音乐作品而言，包括以录制或电影作品形式的复制；就艺术作品而言，包括将作品转换成立体形式，或者将立体形式转换为平面形式，涉及复制作品时应据此解释；

（ze）局长，指根据本条例第44条委任的版权局局长，包括在履行局长职能时的版权局副局长；

（zf）作品，指下列作品：

（ⅰ）文学、戏剧、音乐或艺术作品；

（ⅱ）电影作品；

（ⅲ）录音；

（zg）合作作品，指两位或两位以上作者合作创作的作品，其中一位作者的贡献不能与其他作者区分开；及

（zh）雕塑作品，包括铸件和模型。

第3条　版权的含义

（1）在本条例中，版权指根据本条例规定享有并受本条例限制的下列专有权利：

（a）就文学、戏剧或音乐作品而言，作出并授权作出下列行为：

（ⅰ）以任何物质形式复制该作品；

（ⅱ）发表该作品；

（ⅲ）公开表演该作品；

（ⅳ）制作、复制、表演、发表该作品的翻译；

（ⅴ）在电影作品中使用该作品或就该作品制作唱片；

（ⅵ）广播该作品，或者通过扬声器或其他类似手段向公众传播该作品的广播；

（ⅶ）改编该作品；

（ⅷ）就该作品的翻译或改编，实施（ⅰ）目至（ⅵ）目规定的行为；

（ⅸ）授权出租计算机程序；

（b）就艺术作品而言，作出或授权作出下列行为：

（ⅰ）以任何物质形式复制该作品；

（ⅱ）发表该作品；

（ⅲ）在电影中使用该作品；

（ⅳ）在电视上播放该作品；

（ⅴ）改编该作品；

（ⅵ）就该作品的改编，实施（ⅰ）目至（ⅳ）目规定的行为；

（c）就电影作品而言，作出或授权作出下列行为：

（ⅰ）复制该作品；

（ⅱ）使该作品的视觉画面能被公众看到，声音能被公众听到；

（ⅲ）利用该电影伴音的任何部分制作唱片；

（ⅳ）广播该作品；

（ⅴ）授权出租该电影作品；

（d）就唱片而言，作出或授权作出下列任何利用该唱片的行为：

（ⅰ）制作包含相同录音的任何其他唱片；

（ⅱ）在电影作品的伴音中使用该唱片；

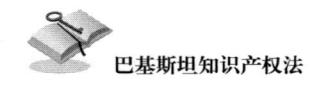

(ⅲ) 公开播放唱片中的录音；

(ⅳ) 以广播的方式传播该录音中的唱片。

(2) 第（1）款所述就作品或其翻译或改编所实施的行为，应包括就该作品、翻译或改编的组成部分实施的任何行为。

(3) 汇编数据或其他材料的版权权利不得延伸至数据或其他材料本身，且不得损害数据或其他材料中存在的任何版权，即仅在汇编范围内享有版权。

第4条 发表的含义

(1) 在本条例中，发表：

（a）就文学、戏剧、音乐或艺术作品而言，指向公众发行足够量的作品复制件；

（b）就电影作品而言，指向公众出售、出租，或许诺出售、许诺出租该作品或其复制件；

（c）就唱片而言，指向公众发行足够数量的唱片，但本条例另行明确规定的除外，包括：

(ⅰ) 就文学、戏剧或音乐作品而言，指发行录制该作品的任何唱片；

(ⅱ) 就雕塑作品或建筑艺术作品而言，指提供该作品的照片和雕刻。

(2) 根据第（1）款对向公众提供的文学、戏剧、音乐或艺术作品的复制件或者唱片的数量是否足够有异议的，应提交版权委员会作最终决定。

第5条 作品不视为公开发表或表演

除以侵犯版权为目的外，未经版权人许可或同意，作品即使被公开发表或公开表演，演讲即使被公开传送，也不视为作品公开发表或公开表演，或不视为演讲公开传送。

第6条 作品视为首次在巴基斯坦发表

(1) 根据本条例在巴基斯坦发表的作品应视为在巴基斯坦首次发表，即使该作品同时在其他国家发表，但该其他国家对该作品提供更短版权期限的除外；该作品在巴基斯坦发表的时间与在其他国家发表的时间相差不超过30日的，该作品应视为同时在巴基斯坦和其他国家发表。

(2) 根据第（1）款，对任何其他国家的版权期限是否短于本条例规定的版权期限有异议的，由版权委员会作最终决定。

第 7 条　未发表作品创作持续较长时间时的作者国籍

未发表作品的创作持续较长时间的，该作品的作者应根据本条例视为在主要创作持续时间内其国籍国的公民或住所地的公民。

第 8 条　法人的住所地

根据本条例，法人团体是根据巴基斯坦任何现行法律成立，或在巴基斯坦设有营业场所的，视为其住所地在巴基斯坦。

第 2 章　版权、版权归属和权利人的权利

第 9 条　除本条例规定外无版权

除根据本条例或现行其他法律的规定外，任何人不得就已发表或未发表的作品享有版权或其他类似权利，但本条不得被解释为废除限制违反信托或保密的任何权利或管辖权。

第 10 条　享有版权的作品

（1）根据本条和本条例的其他规定，下列作品在巴基斯坦境内享有版权：

（a）原创的文学作品、戏剧作品、音乐作品和艺术作品；

（b）电影作品；及

（c）唱片。

（2）除适用本条例第 53 条或第 54 条规定的作品外，第（1）款规定的任何作品不享有版权，除非：

（i）对于已发表作品，该作品首次在巴基斯坦发表，或该作品首次在巴基斯坦境外发表的，作者在发表之日是巴基斯坦公民，或作者在发表日死亡的，在死亡时作者是巴基斯坦公民或居住地在巴基斯坦；

（ii）对于未发表作品（建筑艺术作品除外），作者在该作品创作完成时，是巴基斯坦公民或居住地在巴基斯坦；及

（iii）对于建筑艺术品，该作品位于巴基斯坦。

（3）作品存在下列任一情况的，不享有版权：

（a）对于电影作品，该作品的实质部分侵犯其他作品版权的；

（b）对于以文学、戏剧或音乐作品为基础制作的唱片，在制作该唱片时

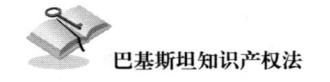

侵犯作品版权的。

（4）电影作品或者唱片是否享有版权，不应影响该作品或唱片（视情况而定）所涉及的任何作品或其实质部分的独立版权。

（5）对于建筑艺术作品，版权仅限于艺术特征和设计，不得延伸至施工过程或方法。

第 11 条 合作作品

在合作作品中，一名或多名作者不符合本条例赋予的版权条件的，根据本条例，该作品的其他作者应被视为是唯一作者；

前提是版权期限应当与所有作者均符合版权赋予条件的期限一致。

第 12 条 关于根据 1911 年第 2 号法律可注册外观设计的规定

（1）根据 1911 年专利与外观设计法（1911 年第 2 号）注册的任何外观设计不享有版权。

（2）能够根据 1911 年专利与外观设计法（1911 年第 2 号）注册但尚未注册的任何版权，根据该版权设计制造的作品被版权人或版权人许可的其他人通过工业流程复制超过 50 次的，该作品的版权即终止。

第 13 条 第一版权人

依据本条例规定，作品的作者是该作品的第一版权人，如果：

（a）对于作者在受雇于报纸、期刊或类似期刊经营者期间根据雇佣合同或学徒合同创作的为在报纸、期刊或类似期刊上发表的文学、戏剧或艺术作品，除非有相反约定，涉及在任何报纸、期刊或类似期刊上发表该作品或以发表为目的复制该作品的版权，否则该报纸、期刊或类似期刊的经营者是该作品的第一版权人，但在所有其他方面，作者是该作品的第一版权人；

（b）在符合（a）项规定的情况下，经他人要求而拍摄的照片、绘制的绘画或肖像、制作的版画或电影作品，除非有相反约定，否则该人是第一版权人；

（c）对于作者根据雇佣合同或学徒合同创作的但不适用（a）项或（b）项规定的作品，除非有相反约定，否则雇主是第一版权人；

（d）对于政府作品，除非有相反约定，否则政府是该作品的第一版权人；

（e）对于适用第 53 条规定的作品，相关国际组织是作品的第一版权人。

第 14 条　版权的转让

（1）现有作品的版权人及未来作品的版权人，可以将整个或部分版权保护期间的版权全部或部分，一般性地或有限制地转让给他人。

转让未来作品版权的，该转让于作品存在时生效。

作品的版权人是作品的作者的，不得转让该作品的版权或者版权的任何权益；进行转让的，其有效期自转让当年下一个日历年开始之日起不得超过 10 年（转让给政府或者教育、慈善、宗教或者非营利机构的除外）。转让违反本但书规定的，该作品的版权应于但书规定的期限届满时归于作者，作者死亡的，归于其利益代表。

作者以发表为目的将未发表作品的版权转让给其他个人或者组织，而作品自转让之日起 3 年内未发表的，其版权归于作者。

（2）版权受让人有权享有该版权所包括的任何权利的，根据本条例，受让人（就已经转让的权利而言）和转让人（就未转让的权利而言）应被视为版权人，本条例的规定据此具有效力。

（2A）版权人或者受让该版权的发表人认为转让协议的任何条款可能会对其利益产生不利影响的，可以在转让后 1 年内向委员会申请审议该条款，委员会可以在听取双方意见后，发布其认为合适的命令；委员会的命令对双方均有约束力。

（3）在本条中，就未来作品的版权转让而言，受让人在作品存在之前死亡的，受让人一词包括受让人的法定代理人。

第 15 条　转让的方式

非经转让人或经其正式授权的代理人以书面形式签署，任何作品的版权转让均属无效。

第 16 条　通过遗嘱处分转移原稿版权

根据遗赠有权获得文学、戏剧或者音乐作品的原稿或艺术作品，且该作品在立遗嘱人生前未发表的，除非立遗嘱人的遗嘱或者其附录中表明相反的意图，否则只要立遗嘱人在其生前为版权人，该遗赠应被解释为包括该作品的版权。

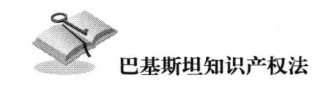

第17条 版权人放弃版权

（1）作品的版权人可以按照规定的格式向局长发出通知，放弃该版权所包括的全部或者任何权利，在符合第（3）款规定的前提下，该权利自通知之日起即告终止。

（2）在收到根据第（1）款规定发出的通知后，局长应安排在政府公报上和以其认为合适的其他方式予以公布。

（3）放弃作品的版权所包括的全部或者任何权利，不影响于第（1）款所述通知日期存在的有利于任何人的任何权利。

第3章 版权的期限

第18条 已发表文学、戏剧、音乐和艺术作品的版权期限

除下文另有规定外，作者生前发表的任何文学、戏剧、音乐或者艺术作品（照片除外）的版权，应存续至作者死亡当年的下一日历年开始之日起50年。

解释：在本条中，对合作作品的作者应解释为最后死亡的作者。

第19条 遗作的版权期限

（1）对于文学、戏剧或者音乐作品或者版画作品，至作者死亡之日，或者如属合作作品，至最后死亡的作者的死亡之日或者紧接死亡之日前，版权仍存续，但该作品或者其任何改编在此之前未发表的，该版权应自作品首次发表当年的下一个日历年开始之日起存续50年，作品的改编在任一更早年份发表的，版权应自发表当年的下一个日历年开始之日起存续50年。

（2）根据本条例，任何文学、戏剧或者音乐作品或者其改编已公开表演，或者就其制作的任何唱片已出售或者许诺出售给公众的，视为已发表。

第20条 电影作品、录音和照片的版权期限

（1）对于电影作品，版权应自作品发表当年的下一个日历年开始之日起存续50年。

（2）对于唱片，版权应自作品发表当年的下一个日历年开始之日起存续50年。

（3）对于照片，版权应自作品发表当年的下一个日历年开始之日起存续50年。

第21条 匿名作品和假名作品的版权期限

（1）文学、戏剧、音乐或者艺术作品（照片除外）以匿名或者假名形式发表的，版权应自该作品首次发表当年的下一个日历年开始之日起存续50年；

但是，作者的身份在上述期限届满前被披露的，版权应自作者死亡当年的下一个日历年开始之日起存续50年。

（2）在第（1）款中，就合作作者的匿名作品而言，作者应作如下解释：

（a）其中一名作者的身份被披露的，指该作者；

（b）不止一名作者的身份被披露的，指该等作者中最后死亡的作者。

（3）在第（1）款中，就合作作者的假名作品而言，作者应作如下解释：

（a）一名或者多名（但不是全部）作者的姓名为假名，且未披露其身份的，指非假名作者；两名或者多名作者的姓名不是假名的，指其中最后死亡的作者；

（b）一名或者多名（但不是全部）作者的姓名为假名，且披露了其中一名或者多名作者的身份的，指非假名作者和已被披露的假名作者中最后死亡的作者；及

（c）所有作者的姓名均为假名，且披露了其中一名作者的身份的，指身份已被披露的作者；披露了其中两名或两名以上作者的身份的，指其中最后死亡的作者。

解释：就本条而言，作者和发表人公开披露了作者的身份，或者该作者以其他方式使委员会信纳其身份的，作者的身份应视为已被披露。

第22条 政府作品和国际组织作品的版权期限

（1）政府是政府作品的第一版权人的，该作品的版权应自首次发表当年的下一日历年开始之日起存续50年。

（2）就第53条规定所适用的国际组织作品而言，版权应自首次发表当年的下一个日历年开始之日起存续50年。

第23条 未发表作品的版权期限

（1）已知作者身份的作品在作者死亡后50年内未发表的，该作品应于作

者死亡当年的下一日历年开始之日起 50 年后进入公共领域。

（2）作者身份不明的作品在创作后 50 年内未发表的，该作品应于创作当年的下一日历年开始之日起 50 年后进入公共领域。

第 4 章 广播组织、表演者和录音制品（声音录制）制作者的权利

第 24 条 广播组织的权利

（1）广播组织有权授权：

(a) 转播其广播；

(b) 录制其广播；及

(c) 复制其广播的录制品。

（2）本权利应自广播发生当年的下一日历年开始之日起存续 25 年。

第 24A 条 表演者和录音制品（声音录制）制作者的权利

（1）表演者有权实施或禁止实施下列行为，即录制其未被录制的表演、复制该录制品、以无线方式广播其现场表演和向公众传播其现场表演。

（2）录音制品制作者有权实施或禁止实施下列行为，即直接或者间接复制其录制品以及任何出租行为。

（3）第（1）款和第（2）款规定的权利自录音制品制作或者表演发生的日历年结束起存续 50 年。

第 25 条 本条例其他规定对广播组织、表演者和录音制品制作者的适用

未经广播组织、表演者和录音制品（声音录制）制作者授权实施或促使实施第 24 条和第 24A 条所述行为的，应被视为侵犯广播组织、表演者和录音制品（声音录制）制作者的权利，第 12 章至第 16 章中的规定应在性质允许的范围内，适用于广播组织、表演者和录音制品（声音录制）制作者，如同其分别为作者和作品。

第 26 条 定 义

(a) 广播，指通过无线和/或有线传播（包括通过电视广播）或任何其他传播方式向公众传播声音和/或画面；

(b) 录制品，指将声音和/或画面固定在装置中，通过该装置可以使声音

或画面在听觉或视觉上被感知；

（c）录音制品，指对表演声音或者其他声音的单纯听觉录制；

（d）录音制品制作者，指录制表演声音或者其他声音的人或法律实体；

（e）转播，指一个广播组织同时广播另一个广播组织的广播。

第27条　其他权利不受影响

为消除疑虑，特此声明，授予广播组织的权利不影响广播中使用的任何文学、戏剧、音乐、艺术、电影作品或者任何唱片的版权。

第5章　作品版式的权利

第28条　版式保护和保护期限

作品版式的出版人有权授权以摄影或者类似方法制作该版式设计的复制件，以供商业销售；该权利应自该版式首次出版当年的下一日历年开始之日起存续25年。

第29条　侵权行为等

未经出版人授权以摄影或者类似方法制作或者促使制作该版式设计或者其实质部分的复制件供商业销售的，视为侵犯出版人的权利。第12章至第16章的规定应在性质允许的范围内，适用于出版人和版式设计，如同其分别为作者和作品。

解释：版式，应包括美术字。

第30条　与版权的关系

为消除疑虑，特此声明，在符合第10条第（2）款规定的情况下，本章授予出版人的权利应：

（a）存在，无论版式涉及的作品是否受版权保护；

（b）不影响文学、戏剧、音乐或者艺术作品本身的版权（如有）。

第6章　表演权协会

第31条　表演权协会提交报酬、费用和使用费声明

（1）各表演权协会应在规定时间内以规定方式，制作、公布及向局长提

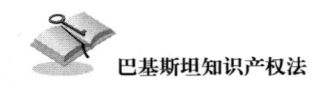

交协会拟收取的所有报酬、费用或者使用费的声明，协会收取该等报酬、费用或者使用费，是为了授予协会有权授予的作品的公开表演许可。

（2）任何协会就任何作品未根据第（1）款规定制作、公布或者向局长提交第（1）款所述声明的，除非获得局长的同意，否则对侵犯该作品表演权的行为，不得采取诉讼或者其他法律程序，以强制执行任何民事或者刑事救济。

第 32 条 对已公布声明的异议

对第 31 条所述任何声明中任何报酬、费用或使用费或其他细节有任何异议的，可随时向版权局提出书面异议。

第 33 条 异议的认定

（1）根据第 32 条向版权局提出的每一项异议，均应尽快提交委员会，委员会应以下文规定的方式对异议作出认定。

（2）尽管无人提出异议，但是委员会仍应关注其认为应存在异议的任何事项。

（3）委员会应就每一项异议向相关表演权协会发出通知，并应为该协会和异议人提供合理陈述机会。

（4）委员会在作出规定的调查后，应对声明作出其认为适当的更改，并将经更改或者未更改的声明送交局长，局长应在收到声明后，在可行范围内尽快将其在官方公报上公布，并向相关表演权协会和异议人提供一份副本。

（5）经委员会批准的报酬、费用或者使用费的声明，应为相关表演权协会针对可合法起诉获得或就其颁发或者授予（与该等报酬、费用或者使用费有关）的作品公开表演的许可所收取的报酬、费用或者使用费。

（6）任何表演权协会对已向该协会提交或者支付上述经委员会批准的报酬、费用或者使用费的人，均无权就其主张的侵犯任何作品表演权的行为提起诉讼或者强制执行任何民事或者其他救济措施。

第 34 条 现有权利不受影响

本章任何规定均不应被视为影响：

（a）本条例生效前产生或者引起的与表演权有关的任何权利或者义务；及

（b）本条例生效时未决的与该等权利或者义务相关的任何法律程序。

第 7 章 许　　可

第 35 条　版权人的许可

任何现有作品的版权人或者未来作品的版权人均可以通过其本人或其法定授权代理人签署的书面许可，授予版权的任何权益；

但如属于与任何未来作品版权相关的许可，则该许可仅在作品存在时生效。

解释：根据本条规定获得与未来作品版权相关的许可的人于该作品存在之前死亡的，除非许可中有相反规定，否则其法定代理人有权享有该许可的利益。

第 36 条　拒绝公开作品的强制许可

（1）如在任何已出版或者公开表演的巴基斯坦作品的版权期限内，向委员会提出申请，指出该作品的版权人存在下列情形的：

（a）拒绝再版或者拒绝允许重新发表该作品，或者拒绝允许公开表演该作品，且由于该拒绝而作品无法公开；或

（b）拒绝按照申请人认为合理的条款，允许通过广播向公众传播该作品或者唱片中的作品；或

（c）已死亡或者失踪，或者无法被找到，且出于公共利益需要重新发表作品；委员会在给予作品的版权人合理陈述机会，并进行其认为必要的调查后，认为该拒绝不符合公共利益，或该拒绝的理由不合理，或版权人已死亡或失踪，或无法被找到，且为了公共利益需要重新发表该作品的，可以视情况指示局长授予申请人再版、公开表演或者通过广播向公众传播该作品的许可，但申请人应向版权人支付补偿金，并遵守委员会确定的其他条款和条件；局长应按照委员会的指示，在申请人支付规定费用后，将许可授予申请人。

（2）两人或多人根据第（1）款规定提出申请的，许可应授予委员会认为最有利于公共利益的申请人。

（3）联邦政府或者委员会可以根据任何政府机构或者法定机构的申请，出于公共利益，授予非营利性重印、翻译、改编或者出版教科书的许可。

第 37 条　翻译制作和出版许可

（1）任何巴基斯坦公民或居住在巴基斯坦的人均可向委员会申请获得制作并出版文学或戏剧作品的任何巴基斯坦语言或者巴基斯坦通用的非英语、

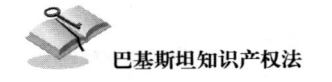

法语或西班牙语的语言的译本的许可。

（2）每份申请均应以规定的形式提出，并应说明作品译本的建议零售价。

（3）本条项下的每一许可申请人均应在其申请时向局长缴付规定费用。

（4）根据本条向委员会提出申请时，委员会可在进行规定的审查之后，指示局长授予申请人非专有和不可转让的许可，允许其以申请所述语言制作并出版译本，但申请人应就出售给公众的作品译本按照委员会根据个案具体情况和规定方式所确定的费率向作品的版权人支付使用费；

但不符合下列情况的，不得授予许可：

（a）作品的版权人或其授权的任何人在该作品首次出版后 1 年内并未出版以申请中所述语言翻译该作品的译本，或虽然已出版该译本，但该译本已绝版；

（b）申请人已向委员会证明并令其信纳申请人曾请求版权人授予其制作并出版该译本的权利，但遭到拒绝，或者申请人无法找到版权人；

（c）申请人无法找到作品的版权人的，已于申请许可前至少 2 个月，将其授权请求书送交作品记载的出版商；

（d）委员会信纳申请人有能力制作并出版该作品的正确译本，并有能力向该作品的版权人支付根据本条应向其支付的使用费；

（e）已废除；

（f）在切实可行的情况下，给予作品的版权人陈述的机会；

（g）根据书面记录的理由，委员会信纳授予许可符合公众利益。

第 8 章　版权登记

第 38 条　版权登记簿、索引以及登记簿查阅

（1）局长应在版权局备存一份按照规定格式进行记录的登记簿，称为版权登记簿，其中须载有作品的名称或标题、作者姓名和住址、出版商和版权人，以及规定的其他事项。

（2）局长还应备存规定的版权登记簿索引。

（3）根据本条规定备存的版权登记簿及其索引应在所有合理时间内公开，以供查阅，且任何人有权在支付费用并符合规定条件的情况下复制或摘录其中任一登记簿或索引。

第 39 条 版权登记

（1）任何作品的作者或出版商、版权人或其他与该作品版权有关的人均可按照规定的格式向局长提出申请，并缴纳规定费用，将该作品的详细信息记入版权登记簿。

（2）局长在收到依据第（1）款就任何作品提出的申请后，应将该作品的详细信息记入版权登记簿，并将登记证书发给申请人，但基于书面记录的理由，其认为不应对该作品作上述登记的除外；

对于艺术作品，局长不应将该作品的详细信息记入版权登记簿，亦不应将登记证书发给申请人，除非在申请提交后 1 个月内或在局长决定的延长期限内，申请人已在指定报纸上公告该作品，将该作品的两份复制件提交局长，并且在此后 1 个月内或在局长决定的延长期限内（不超过 2 个月），局长未收到任何反对将作品详细信息登记入版权登记簿的意见。

第 40 条 版权转让等的登记

（1）对通过转让或许可方式被授予版权权益有利害关系的任何人均可以按照规定的格式提出申请，并缴纳规定的费用、授权原始文书及其核证副本，向局长申请将该项授权的详细信息记入版权登记簿。

（2）局长在收到依据第（1）款就任何作品提出的申请后，应在进行其认为合适的审查后，将该项授权的详细信息记入版权登记簿，但基于书面记录的理由，其认为不应对该项授权作上述登记的除外。

（3）授权原始文书的核证副本由版权局保存，授权原始文书应返还交存人，并在其上背书或贴上登记证书。

第 41 条 更正版权登记簿和索引中的条目等

（1）局长可在规定情况下在符合规定条件时通过下列方式变更或修改版权登记簿和索引：

（a）更正任何姓名、地址或特定信息中的任何错误；或

（b）更正因意外失误或遗漏而产生的任何其他错误。

（2）委员会可依据局长或任何权益受到损害的人的申请，通过下列方式命令更正版权登记簿：

（a）填写登记簿上错误遗漏的任何条目；

（b）删除登记簿上错误填写或保留的任何条目；或

（c）更正登记簿上的任何错误或缺陷。

第42条 版权登记簿是其所登记事项的表面证据

（1）版权登记簿和索引应是其所登记事项的表面证据。局长签发并加盖版权局印章的其中任何条目的副本或摘录文件，在所有法院均应被视为可采信的证据，而无须进一步出示原件予以证明。

（2）作品的版权登记证书，即为该作品享有版权以及该证书显示为版权人的人是实际版权人的表面证据。

第9章 版权局、版权局局长和版权委员会

第43条 版权局

（1）为施行本条例，应设立一个名为版权局的办事机构。

（2）版权局应由版权局局长直接管理，版权局局长应在联邦政府的监督和指导下行事。

（3）版权局应备有印章，印文应依法通告。

第43A条 版权局分支机构

（1）为便于版权登记，应设立巴基斯坦版权局分支机构，设立地点经联邦政府批准后由版权局局长决定。

（2）分支机构应履行版权局局长不时通知的版权局的职能。

第44条 版权局局长和副局长

（1）联邦政府应为施行本条例任命一名版权局局长，并可任命一名或多名版权局副局长。

局长应：

（i）签署根据本条例备存的版权登记簿内的所有条目；

（ii）签署版权局盖章的所有版权登记证书和核证副本；

（iii）行使本条例直接赋予或根据本条例间接赋予的权力并履行本条例直接赋予或根据本条例间接赋予的职责；

（iv）担任版权委员会秘书；及

（ⅴ）履行其他规定的职责。

（3）版权局副局长须在局长的监督及指示下，履行局长根据本条例不时指派给他的任务。

（4）经联邦政府批准，局长可将其根据本条例行使的任何特定职能指派给副局长外的其他工作人员。

第45条 版权委员会

（1）联邦政府应成立名为版权委员会的委员会，由下列成员组成：

（ⅰ）由联邦政府任命的主席；

（ⅱ）联邦政府在与作者、出版商、电影业及任何与版权有关的其他利益团体的代表团体协商后任命的3人以上5人以下的其他成员；

但应尽可能地让每一个省的居民在委员会获得充分代表；及

（ⅲ）当然局长[*]。

（2）除局长外的包括委员会主席在内的委员会成员，应按照规定的任期和条件任职。

（3）主席须由现任或曾任高等法院法官，或有资格被委任为该等法官的人担任。

第46条 委员会的权力和程序

（1）在不违反根据本条例制定的任何规章的情况下，委员会有权规定其自身程序，包括确定其会议的地点和时间。

（2）委员会成员对根据本条例提交委员会决定的任何事项有不同意见的，以多数人的意见为准；

但无法达成多数意见的，以主席的意见为准。

（3）委员会可授权其任何成员行使其根据第78条拥有的任何权力，获此授权的成员为行使该权力而作出的任何命令或行为，应当被认为是委员会的命令或行为（视情况而定）。

（4）委员会根据本条例作出的行为或采取的程序，不得仅因委员会组成存在任何空缺或不足而受到质疑。

---

[*] "当然局长"在原文中为"the Registrar, ex officio"，表示局长因其职位而自动成为该版权委员会成员。——译者注

（5）委员会就 1898 年刑事诉讼法典（1898 年第 5 号）第 480 条和第 482 条目的而言应被视为民事法院，在委员会进行的所有程序应被视为巴基斯坦刑法典（1860 年第 45 号）第 193 条和第 228 条意义下的司法程序。

（6）委员会任何成员均不得参与在委员会针对其具有个人利益的事项而进行的任何程序。

第 10 章　向公共图书馆提供书籍和报纸

第 47 条　向公共图书馆提供书籍

（1）在遵守根据本条例所制定的任何规章且不违反 1960 年新闻出版条例（1960 年第 15 号）第 40 条规定的情况下，即使有任何相反约定，本条例生效后在巴基斯坦出版的每种书籍的出版商，仍应自出版之日起 30 日内，自费向各公共图书馆交付一本该书籍，并应提供规定的相关详情。

（2）交付给位于伊斯兰堡的巴基斯坦国家图书馆的复制件应为整本书籍的复制件，其中所有地图和插图应以和最佳复制件相同的方式完成和上色，应装订、缝制或串联在一起，并以印刷该书籍所用的最好的纸张制作复制件。

（3）交付给任何其他公共图书馆的复制件，应使用以往为出售而印刷该书籍复制件的过程中使用次数最多的纸张，并与准备出售的书籍处于相同状态。

（4）如果该第 2 版或后续版本的书籍的文印、地图、印刷或该书籍的插图均未被进行任何增添或修改，并且该书籍的第 1 版或任何其他版本的复制件已根据本条规定交付，则第（1）款规定不适用于第 2 版或后续版本的书籍。

第 48 条　向公共图书馆提供期刊和报纸

在遵守根据本条例所制定的任何规章且不违反 1989 年印刷业和刊物登记条例（1989 年第 7 号）第 36 条规定的情况下，在巴基斯坦出版的每份期刊或报纸的出版商应于期刊或报纸的每一期出版后即自费向各公共图书馆提供一份复制件，并须提供规定的相关详情。

第 49 条　所提供书籍、期刊和报纸的收据

根据第 47 条或第 48 条规定向其提供书籍、期刊或报纸复制件的公共图书馆负责人（无论称其为图书馆员或其他任何名称）或其他任何被授权接受提供的人，应向出版商提供书面收据。

第 50 条 处 罚

出版商违反本章任何规定或违反根据本章制定的任何规章的，处 500 卢比以下罚款；违法行为涉及书籍或期刊的，还应处相当于书籍或期刊价值的罚款；审理该违法行为的法庭可指示将其所处罚款的全部或任何部分，以补偿的方式，支付给该书籍、期刊或报纸（视情况而定）本应提供的公共图书馆。

第 51 条 本章所述违法行为的审理

（1）除联邦政府通过一般或特别命令授权的官员提起诉讼外，任何法院均不得受理本章规定的任何应受处罚的违法行为。

（2）初级地方法院以下的法院不得审判根据本章应受处罚的违法行为。

第 52 条 本章适用于政府出版的书籍、期刊和报纸

本章亦适用于政府出版或政府授权出版的书籍、期刊和报纸，但不适用于仅供官方使用的书籍或期刊。

第 11 章 国际版权

第 53 条 关于某些国际组织的作品的规定

（1）联邦政府可在官方公报中宣布本条适用于官方公报规定的一个或多个主权实体或政府是其成员的组织。

（2）其中：

（a）作品是由适用本条的任何组织创作或首次出版或在其指导或控制下创作或首次出版的；

（b）除本条规定外，该作品在创作或首次出版时（视情况而定）在巴基斯坦不享有版权的；及

（c）存在下列任一情况的：

（ⅰ）该作品如前所述是根据与作者达成的协议出版，且该协议并未将作品的版权（如有）保留给作者的；或

（ⅱ）根据第 13 条的规定该作品的任何版权属于该组织的，该作品在整个巴基斯坦应享有版权，但属于由联邦政府或在联邦政府授权下对教育机构

·23·

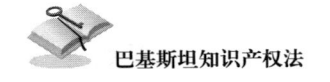

中用于教学、学习或研究的教科书进行重印、翻译、改编或出版后所得作品的除外。

（3）适用本条的不具有法人团体的法律行为能力的组织，在为持有、处理以及行使版权的目的和针对与版权有关的所有法律程序中应被视为具有法人团体的法律行为能力。

第54条 将版权延伸至外国作品的权力

（1）联邦政府可在官方公报中发布命令，指示本条例的全部或任何规定：

（a）适用于该命令涉及的在国外首次出版的作品，一如在巴基斯坦境内首次出版；

（b）适用于其作者在创作作品时是该命令涉及的外国主体或公民的未出版作品或其任何类别，一如该作者是巴基斯坦公民；

（c）针对住所在该命令涉及的外国适用，一如该住所位于巴基斯坦；

（d）适用于作者在首次出版之日或（作者在首次出版之日死亡的）在作者死亡之时是该命令涉及的外国主体或公民的任何作品，一如该作者在该日或该时是巴基斯坦公民；

由此在符合本章及该命令的规定的情形下，本条例据此适用，但是：

（i）在根据本条就任何外国（巴基斯坦与之签订条约的国家或与巴基斯坦同为缔约国的版权公约缔约国除外）作出命令之前，联邦政府应信纳，该国已制定或已承诺制定联邦政府认为有利于在该国保护根据本条例规定而享有版权的作品的规定；

（ii）该命令可规定，本条例的规定可一般性地适用，也可适用于该命令所指明的作品类型或者个案类型；

（iii）该命令可规定，在巴基斯坦版权期限不得超过该命令所涉及的外国法律所规定的期限；

（iv）该命令可规定，除该命令另行规定外，本条例关于向公共图书馆提供书籍复制件的规定不适用于在该外国首次出版的作品；

（v）在适用本条例有关版权归属的规定时，该命令可在考虑该国法律的情况下，作认为有必要的修改；

（vi）该命令可规定，本条例或其任何部分不适用于在该命令生效前已创作或已首次出版的作品。

第55条　限制首次在巴基斯坦出版的外国作者作品权利的权力

联邦政府认为外国没有或没有承诺对巴基斯坦作者的作品给予充分保护的，联邦政府可在官方公报上发布命令，指示本条例中授予在巴基斯坦首次出版，其作者是该外国的主体或公民且不居住在巴基斯坦的作品版权的规定不适用于在该命令规定日期后出版的作品。在该命令指定日期后，本条例这些规定不适用于此类作品。

第12章　版权侵权

第56条　版权侵权的时间

下列作品被视为版权侵权：

（a）未经版权人同意，或未经版权人或局长根据本条例所授予的许可，或违反授予许可的条件或主管部门根据本条例规定的任何条件：

（ⅰ）作出任何本条例授予版权人专有权去做的事情；或

（ⅱ）为营利而允许其场所用于公开表演作品，而这种表演侵犯作品的版权，除非他不知道，并且没有合理理由怀疑该表演将侵犯版权；或

（b）任何人：

（ⅰ）为销售或出租而制作、销售、出租、商业展示、许诺销售或出租；或

（ⅱ）为贸易目的发行，其发行程度对版权人造成不利影响；或

（ⅲ）公开的贸易展览；或

（ⅳ）向巴基斯坦进口该作品的任何侵权复制件。

解释：就本条而言，以电影作品的形式复制文学、戏剧、音乐和艺术作品，应视为"侵权复制"。

第57条　不属于版权侵权的行为

（1）下列行为不构成版权侵权：

（a）出于下列目的而对文学、戏剧、音乐或艺术作品的合理使用：

（ⅰ）研究或私人学习；

（ⅱ）对该作品或任何其他作品的批评或评论；

（b）出于报道时事的目的而对文学、戏剧、音乐或艺术作品的合理使用：

(ⅰ)在报纸、期刊或类似期刊上；或

(ⅱ)通过广播、电影作品或摄影；

(c)出于提起司法程序或报道司法程序的目的对文学、戏剧、音乐、艺术作品的复制；

(d)报纸上刊登在公众集会发表的带有政治性质的演讲的报道，除非在演讲之前、期间，在演讲所在建筑靠近演讲者的主要入口或其附近张贴醒目的书面或印刷通知禁止该报道，且该建筑用于公共活动，否则本条不影响关于报纸摘要的规定；

(e)根据届时有效的法律制作或提供的经核对无误的复制件中对任何文学、戏剧或音乐作品的复制；

(f)公开朗读或朗诵已出版的文学作品或戏剧作品的合理摘录；

(g)出于供教育机构使用目的出版主要是由无版权材料组成的合集，并在标题中及由出版商或代表出版商发行的宣传广告中均如此描述，或者从有版权的已出版文学、戏剧作品中摘录片段，即使该作品本身并非为在教育机构中使用而出版；

但同一出版商在5年内出版的同一作者的作品不得超过两个段落；

解释：就合作作品而言，本条所称的作品段落应包括该等段落的任何一位或多位作者的作品段落，或一位或多位该等作者与任何其他作者合作的作品段落。

(h)文学、戏剧、音乐或艺术作品的复制或改编：

(ⅰ)无论是在教育机构或其他地方，在课程中，由老师或学生仅出于教学目的，以印刷以外的其他方式进行的复制和改编；

(ⅱ)作为在考试中要回答的问题的一部分；或

(ⅲ)回答该等问题；

(i)在教育机构的活动过程中，由该机构的教师或学生表演文学、戏剧或音乐作品，或是电影作品或录音，如果观众仅限于该等教师或学生、学生父母或监护人以及与该机构的活动有直接关联的人；

(j)就文学、戏剧或音乐作品制作唱片，如果：

(ⅰ)该作品的版权人或者经作品版权人的许可或同意先前已经录制该作品；和

(ⅱ)唱片制作人已经就其制作唱片的意向发出规定的通知，并已经以规定的方式按委员会为此规定的费率向版权人支付关于他所制作该唱片的版权使用费；

但在制作唱片时，不应该对该作品作出任何更改或删除，除非该作品的版权人或者经作品版权人的许可或同意先前以唱片录制作品时有过类似的改动或删除，或者经作品版权人的许可或同意进行，或者该等改动和删除对唱片是合理必要的；

（k）利用录音公开播放其内容：

（i）在人们居住的处所内，作为该处所专门或主要为居民提供便利设施的一部分；或

（ii）作为并非以营利为目的而成立或经营的俱乐部、社团和其他组织的活动的一部分；

（l）由业余俱乐部或社团表演文学、戏剧、音乐作品，如果表演是面向非付费观众，或者为了宗教、慈善机构或教育机构的利益；

（m）在报纸、期刊或其他期刊上复制有关当前经济、政治、社会或宗教主题的文章，除非该文章的版权人明确保留该复制的权利；

（n）在报纸、期刊或其他期刊上刊登向公众发表的演讲的报道；

（o）由公共图书馆馆长或非营利图书馆负责人制作或在其指导下制作非用于出售的书籍的不超过3本复制件（包括小册子、乐谱、地图、图表或示意图）供公众免费使用，或者供隶属于教育机构的图书馆使用；

（p）出于研究、私人学习目的，或为了出版保存在图书馆、博物馆或其他公共机构内的未发表的文学、戏剧或音乐作品而复制；

但图书馆、博物馆或其他机构（视情况而定）知道此类作品的作者身份或合作作品的作者身份的，本条规定仅适用于复制制作的时间自作者死亡之日起50年以上，或就合作作品而言，已知身份的作者死亡之日起50年以上，或已知多名作者身份的，最后一位作者死亡之日起50年以上；

（q）复制或发表：

（i）任何已在官方公报上公布的事项，或任何临时委员会、委员会、代表会、管理委员会或其他由政府设立的类似机构的报道，但政府禁止复制或公布此类事项或报道的除外；

（ii）法院、法庭或其他司法机关的判决或命令，但法院、法庭或其他司法机关（视情况而定）禁止复制或发表该等判决或命令的除外；

（r）制作或出版绘画、素描、版画、照片或者建筑艺术作品；

（s）制作或出版雕塑作品或其他艺术作品的绘画、素描、版画或照片，

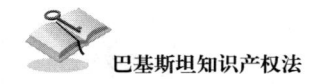

如果该作品永久位于公共场所或公众可进入的场所；

（t）在电影作品中包含：

（ⅰ）永久位于公共场所或公众可以进入的场所的艺术作品；或

（ⅱ）任何其他艺术作品，如果该包含仅作为背景或以其他方式对作品中表现的主要事项而言是附带发生的；

（u）当艺术作品的作者不是该作品的版权人时，该作者使用其为创作该作品所做的模具、铸模、素描、示意图、模型或草图；

但不得因此重复或模仿该作品的主要设计；

（v）制作平面艺术作品的立体形态的物体，而该物体在非有关该种类物体的专家看来不是该艺术作品的复制件；

（w）根据最初建造建筑物或构筑物时参考的建筑图纸或示意图而重建建筑物或构筑物；

但原建筑物是在该图纸或示意图的版权人的同意或许可下建筑的；

（x）就电影作品中所录制或复制的文学、戏剧或音乐作品而言，在该作品的版权期限届满后展示该作品；

（a）项（ⅱ）目、（b）项（ⅰ）目、（f）项、（m）项和（p）项不适用于任何行为，除非该行为随附声明：

（ⅰ）通过标题或其他描述来识别作品；及

（ⅱ）同时确认作者，但该作品是匿名的或作品的作者先前同意或要求不声明其姓名的除外。

解释：

就本款（a）项、（b）项而言：

（ⅰ）对散文形式的文学或戏剧作品，单个摘录最多400字，或一系列摘录（其中有评论）最多800字，并且任何一个摘录不超过300字；及

（ⅱ）对诗歌形式的文学或戏剧作品，摘录最多40行，并且在任何情况下，该摘录均不超过整首诗的1/4，可被视为合理使用该作品；

但在评论新出版的作品时，合理较长的摘录可被视为合理使用该作品。

（2）第（1）款规定应适用于与文学、戏剧、音乐作品的翻译或文学、戏剧、音乐或艺术作品的改编有关的行为，一如该条文适用于该作品本身。

第57A条　包括在唱片及录像带内的详情

（1）未在唱片以及其包装上显示下列详情的，不得就巴基斯坦的作品出版唱片：

（a）唱片制作人的姓名和地址；
（b）作品版权人的姓名和地址；及
（c）首次出版的年份。
（2）录像带放映时未在录像盒或其他包装中显示下列详情的，不得就巴基斯坦的作品出版录像带：
（a）作品是根据1979年电影条例（1979年第43号）的规定须获得核准方可放映的电影作品的，由中央电影审查委员会根据该条例第5条第（3）款规定或由政府为此授权的其他机构提供该作品的核准副本；
（b）录像带制作人的姓名和地址，以及从该作品的版权人处取得制作录像带所需的许可或同意的声明；及
（c）该作品的版权人的姓名和地址。

第58条　侵权复制件的进口和出口

（1）在版权人或其正式授权的代理人提出申请且支付规定费用后，局长可在进行其认为恰当的调查后，命令不得将该作品的侵权复制件进口到巴基斯坦或自巴基斯坦出口。
（2）除另行规定外，局长或其授权的其他人可进入可能发现第（1）款所述复制件的船舶、车辆、码头或处所检查该等复制件。
（3）根据第（1）款作出命令适用的复制件，应被视为根据1969年海关法（1969年第4号）的规定禁止或受限进入巴基斯坦或自巴基斯坦出口的货物，该法的所有规定应具有相应效力。

第13章　民事救济

第59条　定　　义

在本章中，除非上下文另有要求，否则版权人应包括：
（a）独占被许可人；
（b）对于匿名或使用假名的文学、戏剧、音乐或艺术作品，或匿名或者使用笔名的合作作品，作品的出版商拥有作者身份，直至作者身份由作者或出版商公开披露或由该作者或其法定代理人以其他使委员会认可的方式确定。

第60条　侵犯版权的民事救济

（1）作品的版权受到侵犯的，除本条例另行规定外，版权人有权就被侵

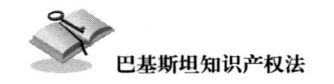

犯的权利而获得法律赋予或可能赋予的禁令、损害赔偿、返还利润及其他救济；

但被告能证明侵权行为发生时，其不知道该作品存在版权并有合理理由相信该作品不存在版权的，除针对侵权的禁令和法院在该情况下认为合理的被告因销售侵权复制件所获得的全部或部分利润外，原告无权获得其他救济。

（2）就文学、戏剧、音乐或艺术作品而言，作者的姓名或出版商的名称（视情况而定）出现在已出版的复制件上，或就艺术作品而言，在该作品创作时出现在该作品上的，除非相反证明成立，否则姓名或名称出现的作者或出版商在有关侵犯该作品版权的诉讼程序中应被推定为作品的作者或出版商。

（3）在有关侵犯版权的诉讼程序中，各方的诉讼费由法院酌情决定。

第60A条　侵犯版权的特别救济

（1）作品版权受到侵犯，且版权人有充分理由不能立即提起正常法律程序的，即使版权人没有以诉讼或其他民事程序的形式提起正常法律程序，版权人或作品版权的利害关系人也可立即向法院申请临时命令防止版权侵权及保存与侵权有关的证据。

（2）法院信纳申请人与该作品版权存在利害关系，申请人的权利很可能受到侵害、影响或损害，且延迟发布该命令可能会对申请人带来不可弥补的损害，或证据有被损坏、隐藏或脱离法院管辖权的合理风险，或在其他情况下如果不能立即采取行动预期的法律程序可能会受阻的，或在没有该类命令的情况下可能会出现多重诉讼的，法院无须事先通知被告便可发布第（1）款所述临时命令。

（3）版权人或其他利害关系人已根据第（1）款和第（2）款规定寻求临时命令，但在最长30日内没有提起版权侵权诉讼或其他民事程序的，该命令失效；版权人提起正常程序的，不论何人提起的临时程序均应并入正常程序中。

（4）进口或出口的货物中含有侵权复制件的，法院在行使第（1）款和第（2）款规定的权力时，可指示保管该货物的海关当局在法院作出决定前拒绝放行该货物。

但临时命令因申请人的作为或不作为而被撤销或失效的，法院可就造成的损害判给被告适当的费用。

第 61 条　单独权利的保护

除本条例另行规定外，构成作品版权的若干权利归属于不同人的，该权利人在该权利范围内，有权获得本条例所提供的救济并可通过诉讼或其他程序单独行使权利，其他权利人不作为该诉讼或程序的一方当事人。

第 62 条　特殊权利

（1）即使作者已转让或放弃作品的版权，但仍享有署名权，并有权就对该作品的任何歪曲、篡改或其他修改，或就该作品的任何其他可能损害其荣誉或名誉的行为要求禁止，或要求损害赔偿。

（2）第（1）款赋予作品作者的权利，可由该作者的法定代理人行使。

第 63 条　版权人对持有或处理侵权复制件的人的权利

享有版权的作品的所有侵权复制件，以及已用于或意图用于制作该侵权复制件的印版，应被视为版权人的财产，版权人可据此提起诉讼程序，以恢复占有或转换占有；

但对方能证明存在下列事项的，版权人无权就转换侵权复制件的占有获得救济：

（a）其不知道作品享有版权，且有合理理由相信侵权复制件涉及的作品不享有版权；或

（b）其有合理理由相信该等复制件或印版并不涉及侵犯作品的版权。

第 64 条　对建筑作品救济的限制

（1）侵犯或完工后会侵犯其他作品版权的建筑物或其他构筑物已经开始建造的，版权人无权取得禁止建造该建筑物或构筑物或将其拆除的禁止令。

（2）第 63 条的规定不适用于侵犯或完成后会侵犯其他作品版权的建筑物或其他构筑物的建造。

第 65 条　法院管辖权和诉讼时效

（1）针对版权侵权的所有诉讼或其他民事程序均应在地区法院提起和审理，案件通常应在 12 个月内作出裁决。

（2）根据第（1）款规定提交起诉书的，委员会或由主席和其所任命的

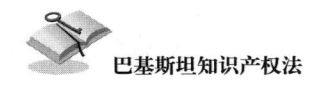

至少 2 名成员组成的临时委员会应考虑该事项，并在给予当事人陈述机会后，作出其认为合适的命令。

（3）第（2）款所述临时委员会的决定应视为委员会的决定。

（4）事项已根据第（1）款规定提交委员会的，任何法院不得再审理、审判或受理与该事项有关的任何诉讼或程序。

（5）除有关上诉的条文另有规定外，委员会的决定为最终决定，并应按照第 79 条规定的方式执行。

第 13A 章　进出口禁令

第 65A 条　禁　　令

任何作品的侵权复制件，无论是其本身，还是绘制或应用于任何物品或货物，或以任何其他形式，均不得通过海、空、陆或任何其他传播渠道进口至巴基斯坦或自巴基斯坦出口。

第 65B 条　海关官员的管辖范围

（1）根据 1969 年海关法（1969 年第 4 号）行使职权的海关官员，可在作品版权人或与作品版权有利害关系的任何其他人提出申请后，扣留任何拟进口至巴基斯坦或自巴基斯坦出口的、涉嫌含有侵权复制件的货物。

（2）根据第（1）款扣留的货物，应由海关官员在双方在场的情况下进行检查，并在确定该货物包含侵权复制件后，责令没收该货物，进口商或出口商视情况应受到 1969 年海关法（1969 年第 4 号）规定的处罚；

但本条规定的所有扣留及检查货物的程序，通常应在上述人员提交申请后 15 日内完成。

此外，任何海关官员根据本条发布的命令应视为根据 1969 年海关法（1969 年第 4 号）发布的命令，并可据此提出上诉。

第 65C 条　扣留货物的放行

拟进口至巴基斯坦或自巴基斯坦出口的货物已被海关官员根据第 65B 条扣留，且该条第（1）款但书的要求未完成的，该货物的进口商或出口商，可根据具体情况，在提供适当担保后向相关海关当局申请放行该等货物。

第 14 章　犯罪及罚则

第 66 条　侵犯版权或本条例所赋予的其他权利的犯罪

故意侵犯或教唆他人侵犯下列任一权利的：

（a）作品的版权；

（ab）电影作品和计算机程序的出租权；

（ac）表演者或录音制作者的权利；或

（b）本条例授予的任何其他权利；

处 3 年以下有期徒刑，并处或单处 10 万卢比以下罚金。

解释：建造建筑物或其他构筑物侵犯或完工后会侵犯其他作品版权的，不构成本条规定的犯罪。

第 66A 条　出版未经版权人授权而改编、翻译或修改的作品集或作品汇编的处罚

在明知的情况下出版或促使出版未经原作品版权人授权而改编、翻译或修改的作品集或作品汇编的，或欺诈性地使用易误导公众或使其与先前出版的其他作品产生混淆的标题的，处 3 年以下有期徒刑，并处或者单处 10 万卢比以下罚金。

第 66B 条　对未经授权复制或发行盗版录音制品和电影作品的处罚

未经授权出于商业、利润或收益的目的制造或发行盗版录音制品和电影作品的，处 3 年以下有期徒刑，并处或者单处 10 万卢比以下罚金。

第 66C 条　对利用和挪用供私人使用的录音制品或视听作品的处罚

出于商业、利润或收益的目的，利用或挪用任何供私人使用的录音制品或视听作品的，处 3 年以下有期徒刑，并处或单处 10 万卢比以下罚金。

第 66D 条　对超出版权人或其版权继承人授权制作复制件或副本的处罚

制作或促使他人制作超出版权人或其版权继承人授权数量的复制件或副本的，处 3 年以下有期徒刑，并处或单处 10 万卢比以下罚金。

第 66E 条　未经授权出租电影作品及计算机程序的处罚

未经版权人或其被许可人授权，出租电影作品或计算机程序的原件或复制件的，处 3 年以下有期徒刑，并处或单处 10 万卢比以下罚金。

第 67 条　以制作侵权复制件为目的持有印版

在明知的情况下针对享有版权的任何作品以制作侵权复制件为目的而制作或持有印版，或在明知的情况下为其私利促使作品未经版权人同意而公开表演的，处 2 年以下有期徒刑，并处或单处 10 万卢比以下罚金。

第 68 条　在登记簿等作虚假记载或出示、提供虚假证据的处罚

任何人：

（a）在版权登记簿中作出或促使他人作出虚假记项的；

（b）制作或促使制作虚假声称是登记簿中任何条目副本的字句的；或

（c）在明知是虚假的情况下，制作、提交或促使他人制作或提交任何此类条目或字句作为证据的；

处 2 年以下有期徒刑，并处或单处 10 万卢比以下罚金。

第 69 条　为欺骗、影响当局或官员而作出虚假陈述的处罚

任何人：

（a）为了欺骗根据本条例任何条文行使职权的当局或官员；或

（b）为了诱使或影响与本条例及相关事项的作为或不作为；

明知是虚假陈述或表述而故意作出的，处 2 年以下有期徒刑，并处或单处 10 万卢比以下罚金。

第 70 条　虚假署名

任何人：

（1）在非作者的作品中或作品的复制件中插入、粘贴任何人的姓名，以暗示该人是该作品作者的；或

（2）在明知他人并非作品的作者或出版商的情况下，出版、销售或出租，或者通过贸易报价，公开出售或出租，或者通过公开贸易展览，在作品上插入或附上他人姓名，暗示其为该作品的作者或出版商的；或

(3）实施第（2）款所述行为，涉及在复制件中插入或粘贴任何人姓名以暗示该人是作者的作品，复制、发行该作品，而据其所知，该作者并非该作品的作者；或者公开表演，或将该作品作为特定作者的作品进行广播，而据其所知，该作者并非该作品的作者的；

处 2 年以下有期徒刑，并处或单处 10 万卢比以下罚金。

第 70A 条　违反第 57A 条的处罚

违反第 57A 条的规定出版唱片或视听作品的，处 3 年以下有期徒刑，并处或单处 10 万卢比以下罚金。

第 70B 条　加重罚款的情形

根据第 66 条、第 66A 条、第 66B 条、第 66C 条、第 66D 条或第 70A 条规定被定罪后，再次因同一罪行被定罪的，该条规定的"10 万卢比"罚金变更为"20 万卢比"。

第 71 条　公司犯罪

（1）公司实施本条例规定犯罪的，犯罪行为发生时管理公司并对公司负责的每个人均应与公司一起被视为实施了该犯罪行为，并应受到相应的起诉和处罚；

但能证明该犯罪行为是在其不知情的情况下所犯的，或其已尽一切应尽努力防止该犯罪发生的，不受本款规定的惩罚。

（2）尽管有第（1）款规定，但是公司实施本条例规定犯罪的，且证明该犯罪行为是在公司任何董事、经理、秘书或其他高级职员的同意或纵容下所犯的，或可归因于该董事、经理、秘书或其他高级职员的任何疏忽的，董事、经理、秘书或其他高级职员亦应被视为实施了该犯罪行为，并应受到相应的起诉和处罚。

解释：

在本条中：

（a）公司，指任何法人团体，包括公司或其他个人协会；

（b）董事，就企业而言，指企业的合伙人。

第 72 条　犯罪审理

级别低于一级法官负责的法院，不得审理本条例规定的犯罪行为。

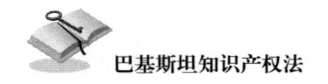

第 73 条　法院处置侵权复制件、印版或者以制作侵权复制件为目的的录音设备的权力

审理本条例规定犯罪行为的法院，认为被指控的犯罪嫌疑人持有的全部作品复制件、印版、录音设备，是侵权复制件或印版、用于或拟用作制作侵权复制件的录音设备的，可以命令销毁、交付版权人或以法院认为合适的其他方式处理，无论被指控的犯罪嫌疑人最终是否被定罪。

第 74 条　警方扣押侵权复制件、印版和录音设备的权力

（1）级别不低于副督察的警务人员确信有人实施了或正在实施或相当可能实施第 14 章所述侵犯作品版权的行为的，可在无搜查令的情况下扣押不论在何处发现的该作品的所有复制件及所有用于制作该作品的侵权复制件的印版和录音设备，扣押的所有复制件、印版及录音设备应尽快在切实可行范围内移交给法官；

但任何公共图书馆、教育机构附属图书馆或非营利图书馆所拥有的可供公众免费使用的复制件、印版或录音设备，或由个人持有供其善意使用的复制件、印版或录音设备，不得被扣押。

（2）对根据第（1）款扣押的作品、印版或录音设备有利害关系的，可在扣押后 15 日内，向法官提出申请，要求归还该复制件、印版或录音设备，法官在听取申请人及原告的陈述及进行所需的进一步调查后，应就该项申请作出其认为合适的命令。

（3）本条例规定的所有犯罪行为均可予定罪、不可保释。

第 74A 条　法官对本章所规定罪行的裁定赔偿权力

（1）法官在判处被告罚金时，可裁定被告支付给被侵权人或被侵权人的继承人或被侵权人的法定代理人一定金额作为赔偿，该赔偿应与被侵权人所受损失相对应，且不超过罚金总额的 50%。

（2）根据第（1）款向任何人支付的赔偿，并不损害该人就同一事项在法院提起的或待决的诉讼中或其他法律程序中提出索赔的权利。

第 15 章　上　诉

第 75 条　针对法官某些命令的上诉

因根据第 73 条、第 74 条第（2）款或第 74A 条第（1）款作出的命令而受到损害的,在该命令作出后 30 日内,可以向作出该命令的法院的上一级法院提起上诉,而该上诉法院可以裁定暂缓执行该命令,以待该上诉得到处理。

第 76 条　针对局长命令的上诉

因局长的任何最终决定或命令而受到损害的,在该决定或命令作出之日起 3 个月内,可以向委员会提出上诉;

委员会审理根据本条提出的上诉时,作出该命令或决定的局长不得以委员会成员身份出席。

第 77 条　针对委员会命令的上诉

(1) 因委员会的任何最终决定或命令(而非委员会的初步决定或命令,亦非在根据第 76 条提出的上诉中作出的决定或命令)而受到损害的,在该最终决定或命令作出之日起 3 个月内,可以向上诉人实际和自愿居住地、营业地、个人工作地有管辖权的高等法院提起上诉;

但该上诉不得针对委员会根据第 4 条第(2)款及第 6 条第(2)款作出的决定提出。

(2) 在计算根据第 76 条和本条第(1)款针对上诉规定的 3 个月的时间时,不包括发放上诉所针对的命令的核证副本或决定记录核证副本所需要的时间。

第 16 章　其他规定

第 78 条　局长和委员会拥有民事法院的某些权力

根据 1908 年民事诉讼法(1908 年第 5 号)审理诉讼时,局长和委员会在下列情况中享有民事法庭的权力:

(a) 传唤及强制任何人到场,并可在宣誓后询问该人;
(b) 要求披露和出示任何文件;
(c) 就宣誓陈述书收取证据;
(d) 发出询问证人或鉴定文件的委托;
(e) 向任何法院或办事处调阅任何公开的卷宗或其副本;
(f) 规定任何其他程序性事项。

解释:为了强制证人出庭,局长或委员会管辖的地域范围应为整个巴基斯坦。

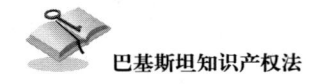

第 79 条　局长或委员会作出的支付令作为判决执行

局长或委员会根据本条例作出的任何支付令，或高等法院在针对委员会命令的上诉中作出的任何命令，在由局长、委员会或高等法院书记官发出的证明书上，须视为民事法院的判决，并以与民事法院执行判决相同的方式执行。

第 80 条　赦　　免

不得以任何人依据本条例善意作出或拟作出的任何事项对其提起诉讼或其他法律程序。

第 81 条　被视为公务员的工作人员

根据本条例委任的每名人员和委员会的每名成员，应视为巴基斯坦刑法典（1860 年第 45 号）第 21 条所指的公务员。

第 82 条　制定规章的权力

（1）出于执行本条例的目的，在本条例公布后，联邦政府可制定规章。

（2）在不损害上述权力一般性的情况下，规章可就下述一项或多项内容作出规定：

（a）委员会主席及其他成员的任期及任职条件；

（b）起诉书、申请书以及根据本条例颁发的许可的格式；

（c）委员会局长主持的程序所须遵循的规程；

（d）根据本条例应付的任何使用费的方式，以及为支付该使用费而须提供的担保；

（e）根据本条例备存的版权登记簿的格式及该登记簿上的所填事项；

（f）局长及委员会享有民事法院权力的事项；

（g）根据本条例应付的费用；

（h）版权局的业务及本条例规定由局长领导或管理的一切事项。

第 83 条　废　　除

1914 年版权法（1914 年第 3 号）和联合王国议会通过的 1911 年版权法［经 1914 年版权法（1914 年第 3 号）对其在巴基斯坦的适用进行修改］特此废除。

第84条 例外条款和临时规定

（1）本条例生效前采取任何行动在与复制或表演任何作品有关的情况下导致的任何支出或责任，且行动方式在当时是合法的，或目的在于复制或表演作品，而该复制或表演若非在本条例生效的情况下是合法的，则本条规定并不减损或损害在上述日期存在的、有价值的、由该等行动产生的或与该等行动有关的任何权利或利益，除非根据本条例有权限制上述复制或表演行为的人同意支付赔偿金；没有约定赔偿金的，可由委员会决定。

（2）本条例生效前根据第83条废除的法律不享有版权的作品，不得因本条例而享有版权。

（3）本条例生效日期前享有版权的作品，自该生效日期起，该版权的权利即为本条例第3条就该作品所属的作品类别规定的权利；该条授予任何新权利的，应按下列方式确定权利人：

（a）作品的版权在本条例生效日期前已完全转让的，受让人或其权益继受人为新权利人；

（b）在其他情况下，由根据第83条废除的法律确定的该作品版权的首任权利人或其法定代理人为新权利人。

（4）除本条例另有规定外，在本条例生效日期前享有作品版权或该版权上任何权利或利益的，在如本条例未生效其本应享有该权利或利益的期间内，仍有权继续享有该权利或利益。

（5）在本条例生效日期前已实施的行为不构成版权侵权的，本条例的任何规定不得视为使该行为构成版权侵权。

专利条例

专利条例[*]

(2000 年第 61 号条例,为修订和统一有关保护发明的法律;
经 2002 年专利条例修正案修订)

鉴于修订和统一有关保护发明的法律是必要的;

鉴于国民议会和参议院根据 1999 年 10 月 14 日的紧急状态公告和 1999 年第 1 号临时宪法令已暂停运作;

鉴于总统信纳存在有必要立即采取行动的情况;

故此,根据 1999 年 10 月 14 日的紧急情况公告和 1999 年第 1 号临时宪法令,参照 1999 年第 9 号临时宪法(修正案)令,巴基斯坦总统行使一切为此赋予总统的权利,遂制定并颁布下列条例。

第 1 章 序　　言

第 1 条　简称、范围和生效日期

(1) 本条例可称为 2000 年专利条例。

(2) 本条例适用于巴基斯坦全境。

(3) 除有关农用和药用化学产品专利的审查、盖印、授予以及授予后的事项涉及的规定外,本条例即时生效。但为此授予的专有销售权及邮箱申请自 2005 年 1 月 1 日起生效。

第 2 条　定　　义

在本条例中,除与主题或者上下文相抵触外:

(a) 受让人包括已故受让人的法定代理人,并且对任何人的受让人的提及,包括对该法定代理人的受让人或者该受让人的受让人的提及;

(b) 局长,指根据第 3 条任命的专利局局长;

---

[*] 本译文根据巴基斯坦知识产权组织官网发布的巴基斯坦专利条例英语版本翻译。——译者注

（c）公约申请，指在公约国提出申请之日之后的 12 个月内在巴基斯坦提出申请，无论申请中主张一项还是多项优先权；

（d）公约国，指世界贸易组织的成员或者根据第 86 条声明为公约国的国家；

（e）公告日，凡出现在本条例中，指登载在官方公报第 5 部分可为公众获知的日期；

（f）申请日，就专利申请而言：

（i）根据本条例日期顺延或倒填申请的，指该顺延日期或倒填日期；及

（ii）向专利局或者其分支机构提交之日；

（g）地区法院具有 1908 年民事诉讼法赋予其的含义（1908 年第 5 号）；

（h）独占许可，指由专利所有人或者专利申请人授予被许可人或者被许可人及其所授权的人，排除包括该专利所有人或者申请人在内的所有其他人，任何与专利或者申请有关的发明权利的许可，并且"独占被许可人"和"非独占被许可人"应据此解释；

（i）发明，指在任何技术领域的任何新的和有用的产品或者方法，并且包括任何新的和有用的改进；

（j）发明人，指发明的实际创造者，共同发明人同此解释；

（k）法定代理人，指依法代理死者遗产的人；

（ka）邮箱，指第 13 条第（9）款规定的邮箱设备；

（l）专利代理人，指当前根据本条例注册的律师或专利代理人；

（m）专利权人，就专利而言，指作为专利的被授予人或者所有人而登记在登记簿中的一人或者数人，并且包括任何随后其姓名将出现于登记簿中的受让人或者利益继承人；

（n）附加专利，指根据第 39 条授予的附加专利；

（o）专利局，指根据第 4 条设立或者视为设立的专利局；

（p）人指任何自然人或者法人，并且包括任何社团或者个体组成的团体，无论是否组成法人团体；

（q）利害关系人，包括在发明涉及的相同领域从事研究或者促进研究的人；

（r）规定，指根据本条例制定的规则所规定的内容；

（s）方法，指产品的任何工艺、流程或者方法或者新的制造方式；

（t）产品，指任何物质、物品、装置或者机器；

（u）公布，指某文件已向巴基斯坦国内外公众开放，并且该文件依本条例规定应予公布，即公众成员有权在巴基斯坦任何地点查阅该文件，无论付费还是免费；

（v）登记簿，指根据第54条保存的专利登记簿；及

（w）规则，指根据本条例制定的规则。

第2章 行政管理

第3条 专利局局长和其他官员的任命

（1）为施行本条例，联邦政府应通过官方公报通知任命官员为专利局局长。

（2）联邦政府应委任其认为合适的其他官员。

第4条 专利局

（1）为施行本条例，应设立专利局；

但在该专利局设立前，根据1911年专利与外观设计法（1911年第2号）设立的专利局应作为施行本条例的专利局。

（2）专利局应由根据联邦政府的监督和指示行事的专利局局长直接管理。

（3）专利局应被赋予本条例和规则中规定的与专利授予和已被授予专利的行政管理的程序有关的一切职能。

（4）专利局应有印章并且印章印痕应经由司法通告。

第5条 专利局官员及其雇员不得与专利有利害关系

专利局的任何官员或者受雇于专利局的雇员不得在其任期内及任期后一年内申请专利或者直接或间接地获得由专利局颁发的或者将要颁发的任何专利，但通过继承或者遗赠获得的除外。

第6条 专利局的官员及其雇员不得泄露特定信息或者对特定事项提供咨询

专利局的官员或者专利局的雇员，除非有本条例、专利局局长的书面指示或者法院命令的要求或者授权，否则不得：

（a）泄露凭借其职位获得的任何有关在巴基斯坦的任何专利申请或者已

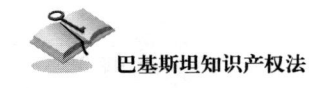

授予专利的信息；或

(b) 对专利局根据本条例正在审议的或者即将审议的事项提供咨询。

第3章 可专利性

第7条 可授予专利的发明

(1) 任何具有新颖性、创造性且能够工业应用的发明均可取得专利权。

(2) 除第（3）款另有规定外，下列各项不得视为第（1）款所指的发明：

(a) 发现、科学理论或数学方法；

(b) 文学、戏剧、音乐、艺术作品或任何其他纯粹审美性质的创作；

(c) 进行脑力活动、游戏或者商业经营的方案、规则或者方法；

(d) 信息的呈示；及

(e) 自然界存在的物质或者从中分离的物质。

(3) 第（2）款的规定仅在专利或者专利申请涉及该事物本身时，方可为本条例之目的阻止其作为发明。

(4) 下列情况不得被授予专利：

(a) 为保护公共秩序或者社会道德，包括保护人类、动物或者植物的生命或者健康，或者为避免对环境的严重损害，有必要禁止其商业性实施的发明，但该排除不仅仅是因为商业性实施为现行法律所禁止；

(b) 除微生物之外的植物和动物，以及本质上为了生产植物和动物的生物学方法（非生物学方法和微生物方法除外）；

(c) 用于人类或者动物疾病的诊断、治疗和手术方法；

(d) 对已知产品或者方法的新运用或者后续运用；及

(e) 仅仅对化学产品的物理外观作出改变而化学式或者制造方法保持不变的，但本项不适用于任何达到可专利性标准的发明。

第8条 新颖性

(1) 如果发明不构成现有技术的一部分，则视为具有新颖性。

(2) 现有技术包括：

(a) 在专利申请日或者适当情况下的优先权日之前，在世界任一地方通过有形形式公布、口头披露、使用或者任何其他方式，向公众披露的所有事

物；或

（b）根据第 21 条公布的在巴基斯坦提交的申请的完整说明书和优先权文件的内容；

（c）地方或土著社区拥有或可获得的传统或现存知识。

（3）尽管有第（2）款的规定，但是物品在专利申请日前 12 个月内在官方或者官方承认的国际展览会上展出的，与物品有关的可授予专利的发明的披露不构成"现有技术"。随后要求优先权的，其间自该物品在展览会展出之日起算。专利局局长可以要求提交其认为必要的书面证据以证明所展物品的身份和其参加展览的日期。

（4）在本条中，对发明人的提及，包括对当时发明的任何所有人的提及。

第 9 条　创造性

考虑构成第 8 条所规定的现有技术的任何事项，发明对于专利申请日前本领域的技术人员来说，是非显而易见的，则视为其具有创造性。

第 10 条　工业应用

如果一项发明能够被制造或者以其他方式在工业中应用的，则视为适用工业应用。

第 4 章　申　　请

第 11 条　有权申请专利的人

（1）下列任何人，无论是单独还是和任何其他人共同，均可以提出专利申请：

（a）真正和最先的一名或多名发明人或者其受让人或者利益继承人；及

（b）在即将死亡前有权提出专利申请的任何死者的法定代理人。

第 12 条　由雇员完成的发明的专利权

在雇佣期间由雇员在雇主活动领域完成的发明的专利权，在不存在相反合同义务的情况下，应属于发明人，除非雇主证明如不使用雇主所有的对发明必要的设施、设备等资源，该发明无法完成。

但发明具有特殊经济价值的，发明人有权在考虑其职务性质、薪水以及

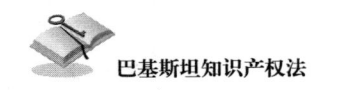

雇主所获利益的情况下获得合理报酬。

第 13 条 专利申请

（1）每项专利申请应按照规定的形式、以规定的方式向专利局提交，并且应当包含一份声明，申请书中的发明是申请人或（如为联合申请的）至少一名申请人主张其是该发明真实和最先发明人或者是该一名或多名发明人（视情况而定）的法定代理人或者受让人；发明人不是申请人的，他有权在申请中作为发明人被提及，其没有被提及的，并愿意作为申请人所提交之专利申请的发明人，专利局局长在听取任何利害关系人的陈述之后，可以添加其姓名作为已按规定方式提出的专利申请的发明人或者共同发明人（视情况而定）。

（2）就两项或者多项同类发明或者其中一项是另一项发明修改而得的发明在一个或者多个公约国已经提出保护申请的，在符合第 15 条规定的情况下，自所述保护申请的最早之日起 12 个月内的任何时间可以就该等发明提出单一的公约申请。

（3）一项申请仅能涉及一项发明。

（4）在申请被受理之前，申请人可以将申请分为两项或者多项申请（以下简称"分案申请"）。每一分案申请均不得超出原申请披露的范围。

（5）每项分案申请均享有原申请的申请日，且在适用的情况下，也享有原申请的优先权日。

（6）针对不符合发明单一性要求的申请授予专利的，该事实不得作为专利无效的理由。

（7）申请人可以随时向专利局局长请求撤销申请：

在官方公报公告受理申请之前，该申请即被撤销的，申请书、说明书、权利要求书和附图（如有）不得公开供公众查阅。

（8）涉及转基因生物的专利申请应当取得联邦政府的许可并且应当符合规定的要求。

（9）申请获得与药物或者农业化学产品相关的可授予专利的发明的专有销售权的，其申请应当提交至专利局局长为此提供的信箱，专利局局长可以要求按照规定的形式和方式提交该申请。

第 14 条 完整申请和临时申请

（1）每项专利申请，除公约申请外，应当附有完整说明书或者临时说明书，且每项公约申请应当附有完整说明书。

（2）专利申请附有临时说明书的，应当自申请日起 12 个月内提交完整说明书；未提交完整说明书的，应视为放弃申请。

（3）对于同族发明或者其中一项发明是由另一项发明改进而得的发明，以同一申请人名义提出两项以上申请附有临时说明书，且专利局局长认为该等发明作为整体构成一项单一发明并且适用纳入一项专利的，可以允许针对所有该等临时申请提交一份完整的说明书。

（4）一项并非公约申请的专利申请所附的说明书声称是完整说明书的，如申请人在说明书受理前任何时间提出要求，则专利局局长可以指示就本条例而言将该说明书视为临时说明书，并且相应地处理该申请。

（5）附有临时说明书或者根据第（4）款项下指示被视为临时说明书的专利申请已经提交完整说明书的，如申请人在完整说明书受理前的任何时间提出要求，则专利局局长可以取消临时说明书并且以提交完整说明书之日为申请日。

第 15 条　说明书的内容

（1）每份说明书，无论是完整说明书还是临时说明书，均应当按照规定的形式和方式进行说明。

（2）在符合就此而订立的任何规则规定的情况下，针对任何完整或临时说明书，可以提交且如果专利局局长如此要求则应当提交用于说明书目的的附图；如此提交的任何附图应当视为说明书的一部分，但专利局局长另行指示的除外；本条例中对说明书的提及应据此解释。

（2A）对于意图用于医药或农业的化学产品，说明书应当仅针对一项化学产品描述其物理、化学、药理学和药物属性，或者视情况，与其在农业中使用以及其对环境的影响相关的性质。

（2B）使用生物材料的，说明书应当公开生物材料原产地和来源，并且还应显示其符合关于该材料获取、进口和使用方面的适用规则；生物材料从巴基斯坦获得但在巴基斯坦境外使用的，须按规定取得联邦政府的许可。

（3）一份完整的说明书应当：

（a）充分、详细地描述发明及实施发明的方法；

（b）披露申请人所知且其有权要求保护的发明；

（c）以一项或者多项权利要求结束说明书，简要地限定要求保护的发明范围。

（4）完整说明书中的一项或多项权利要求应涉及一项单一发明，应清楚简洁，且应完全基于说明书中公开的事项。

（5）在符合本条前述各款规定的情况下，在临时说明书之后提交的完整说明书或者随公约申请提交的完整说明书，可以包含对在临时说明书中描述的发明或者在公约国提出保护申请的发明的改进或者附加的权利要求，该等改进或附加为申请人有权根据第 11 条的规定针对其单独提出专利申请的改进或附加。

（6）每份完整说明书应当附有用以提供技术信息的摘要，并且专利局局长应当决定该摘要是否达到其目的，对没有达到其目的的，应当通知申请人作出令专利局局长信纳的修改。

（7）摘要的目的仅为说明技术信息，尤其是，其不得用于解释专利保护的范围。

（8）用于农业或药品的化学产品的完整说明书中的权利要求应当进行结构限定，且应仅涉及一项单一化学产品，不包括其衍生物和盐类；每项衍生物和盐类，如其权利要求中包含对主产品的实质或新颖的改进，应作为单独发明或者（如适用的话）作为分案申请提交。无法进行结构描述的，如生物产品，应提交"方法限定产品"的权利要求，且保护仅限于以所主张方法获得的产品。

但是，权利要求不得基于仅导致其组分物质性质聚合的单纯混合物，或者产生该物质的方法。

第 5 章　申请的审查

第 16 条　申请的审查

（1）专利局局长应当将已经提交完整说明书的申请提交审查员，由后者在详细审查申请书、说明书、权利要求和附图（如有）后，向专利局局长作出报告，内容包括发明是否具有新颖性、创造性，并且确定是否符合本条例和规则规定的其他要求。

（2）审查员应当在合理可行的情况下尽快向专利局局长报告，但不得迟于在巴基斯坦提交专利申请日起 18 个月。

（3）审查员报告称申请不满足本条例和规则任何一项要求的，专利局局长应当给予申请人一次或者多次机会以满足在所述报告中提及的要求，且如有必要，在规定期间内修改申请；对于仍不符合要求的，专利局局长可以拒绝继续处理该申请。

（4）在受理申请前任何时间，如果专利局局长认为在该申请中主张的发明已经完全或者部分地在该专利申请日或该申请日之后已经公布的说明书中被主张，与专利申请有关的被授予专利将会早于该专利申请被授予专利之日的，专利局局长可以要求以向公众通知的方式插入对其他说明书的引用来修改申请人的说明书。

（5）本条要求的审查不得以任何方式保证任何专利的有效性，并且联邦政府或者任何官员不得因任何该等审查或其后续程序或在与其有关联的情况下承担责任。

（6）除非申请自申请日起18个月内被受理，否则该申请被视为驳回，但提起上诉的除外；

但是在上述18个月期间届满前或之后3个月之内，向专利局局长提出延长期限请求，并缴纳规定费用的，专利申请应延长如此要求的任何期间，但总共不得超过上述18个月期间届满之日起3个月；

此外，专利局局长可以根据申请人按照规定的方式提交的书面请求延迟对该申请的正式受理，直至申请人要求的日期，但不得迟于提交完整说明书之日起21个月。

解释：根据以上任何一条但书条款提出请求时，专利局局长可以允许申请人按受理顺序申请，但不得通过正式受理命令，并且不得在申请人请求的日期之前继续进行受理的公告。

（7）尽管有前述各款的规定，但是根据《与贸易有关的知识产权协定》（TRIPS）第70条第（8）款和第70条第（9）款，在1995年1月1日之后提交的对意图用于医药或者农业的化学产品主张保护的所有申请应根据第1条第（3）款的规定处理。

第17条 引用其他专利

（1）在根据第16条进行调查后，专利局局长认为已提交专利申请的发明无法在不对任何其他专利的权利要求造成重大侵权风险的情况下实施的，其可以指示以向公众通知的方式在申请人的完整说明书中插入对该其他专利的引用，除非在规定的时间内：

（a）申请人向专利局局长表明并使其信纳有合理的根据质疑上述其他专

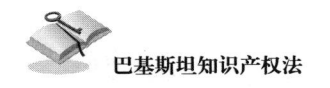

利的权利要求的有效性；或

（b）对完整说明书进行修改并使专利局局长信纳。

（2）根据第（1）款在完整说明书中插入对其他专利的引用后：

（a）该其他专利被撤销或者以其他方式失效的；

（b）该其他发明的说明书通过删除相关权利要求予以修改的；或

（c）在法院或者专利局局长进行的程序中，认定该其他发明的相关权利要求无效或者任何实施申请人的发明的行为不构成侵权的，专利局局长可以根据申请人的申请删除对该其他发明的引用。

第18条 申请人的替换等

（1）对于在专利授予前任何时间按照规定方式提出的申请而言，如专利局局长信纳，凭借由专利申请人或者申请人之一达成的任何转让或者书面协议，或者根据法律，权利请求人（如授予专利）有权获得该专利或者申请人对该专利的利益，或者该专利或专利利益的未分割份额的，专利局局长可以根据本条规定指示该申请应当以一名或多名权利请求人和申请人或其他一名或多名共同申请人的名义进行。

（2）不得依据由共同申请人中的一个或者多个申请人达成的任何转让或者协议作出第（1）款项下的指示，但获得其他一个或者多个共同申请人同意的除外。

（3）不得依据发明利益分配的任何转让或者协议作出第（1）款项下的指示，除非：

（a）通过援引专利申请号确定发明；

（b）达成转让或者协议的人向专利局局长确认该转让或者协议与申请涉及的发明有关；

（c）权利请求人就该发明的权利已最终由法院裁决确立；或

（d）专利局局长指示该申请继续进行，或者指示调整申请根据第（5）款的规定继续进行的方式。

（4）共同申请人之一在专利授予前的任何时间死亡的，专利局局长可以根据在世的一名或多名共同申请人的请求并经已故申请人的法定代理人的同意，指示该申请应当仅以在世的一名或多名共同申请人的名义继续进行。

（5）共同申请人之间针对是否或者以何种方式继续进行申请产生任何争议的，专利局局长可以根据由任何一方当事人按规定方式向其提出的申请，并给予各方当事人一次陈述机会后，为使申请能仅以一方或者多方的名义继续进行或者为规范该申请继续进行的方式，或者兼具两者的目的，而视情况作出其认为合适的指示。

第 19 条　按顺序受理申请的时间

（1）第 16 条第（6）款中规定的 18 个月期间或者延长期间届满时：

（a）向高等法院提出的有关发明专利申请的上诉仍在审理中；或

（b）在附加专利申请的情况下，就该附加申请或者主发明申请向高等法院的上诉仍在审理中，专利局局长基于申请人在该 18 个月期间或延长期间（视情况而定）届满前提出的申请所要求的期间，延长至高等法院确定的日期。

（2）提起第（1）款规定之上诉的期间未届满的，专利局局长可以延长该 18 个月期间或者视情况延长所延长期间，直至其确定的该进一步延长期间届满；

但是，在该进一步延长期间内已经提起上诉并且高等法院已经允许延长专利局局长所要求的期间的，该等要求延长至高等法院确定的时间。

第 20 条　专利局局长要求提供与外国申请相关的特定信息和文件的权利

（1）应专利局局长要求，申请人应当向其提供申请人在国外提交的与在巴基斯坦提交的申请中主张的发明相同或实质相同的任何专利申请（以下简称"外国申请"）的日期和申请号。

（2）应专利局局长要求，申请人应当向其提交下列与第（1）款中所述外国申请相关的文件：

（ⅰ）申请人收到的与对外国申请进行的任何检索或者审查的结果相关的任何通信的副本；

（ⅱ）基于外国申请而授予专利的副本；及

（ⅲ）驳回外国申请的最终决定的副本。

（3）应专利局局长要求，申请人应当向其提交宣布基于第（1）款所述外国申请授予的专利无效的最终决定的副本。

第 21 条　对完整说明书的受理

受理完整说明书后，专利局局长应当通知申请人并且应当在官方公报上

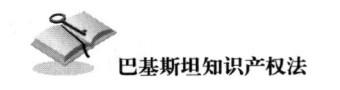

公告已受理说明书的事实，随即应当公开申请书、说明书以及为此提交的优先权文件（如有）以供公众查阅。

第 22 条 受理完整说明书的效力

受理申请后并且直至对该申请的专利进行盖印或者盖印期间届满，申请人应当具有类似特权和权利如同发明专利已在申请受理之日盖印一样；

但申请人在专利盖印前无权提起任何侵权诉讼。

第 6 章 对授予专利的异议

第 23 条 对授予专利的异议

（1）在公告根据本条例受理完整说明书之日起 4 个月内的任何时间，任何人可以基于下列任何一项理由向专利局局长提出专利授予异议：

（a）专利申请人获得的发明或发明的任何一部分来自异议人或其法定代理人、受让人、代理人或者律师；

（b）发明不属于条例所指的可授予专利的发明；

（c）说明书未以足够清楚和完整的方式披露发明以使所属技术领域的技术人员能够实施该发明；

（d）权利请求不清楚或者超出了最初提交的完整说明书披露的范围；及

（e）完整说明书描述或者要求保护的发明不是临时说明书中描述的发明，且该其他发明要么构成异议人专利申请的主题，且该专利如授予则其日期处在申请日和完整说明书的提交日期之间，要么该其他发明在该间隔期间已经在任何公布的文件中为公众所知。

（2）根据第（1）款发出通知的，专利局局长应当将异议通知申请人，并且应当在案件作出决定前，给予申请人和异议人听证的机会。

第 24 条 第三方对可专利性的意见

（1）根据第 21 条公布说明书后的任何时间，任何人可以针对发明的新颖性向专利局局长提出书面意见，并提供支持其意见的证据；专利局局长在授予专利前应根据向其提供的证据考虑该意见。

（2）根据第（1）款提出意见的人不得仅由于其提出意见而成为根据本条例在专利局局长处理的程序中的一方当事人，如不符合本规定，其意见将被驳回,犹如从未提交一样。

第 7 章 对特定发明保密的规定

第 25 条 有损巴基斯坦国防或者公共安全的信息

(1) 专利局局长认为向专利局提交的发明专利申请是由联邦政府向其通知的或者其本人认为公布可能会损害巴基斯坦国防的类别中的一项发明的,可以作出指示,禁止或者限制公布该发明信息或者向任何指定的人或者一类人传播该发明信息。

(2) 专利局局长认为所提交的任何申请的说明书包含其公布可能会损害公共安全的信息的,可以作出指示禁止或者限制公布该信息或者向任何人传播该发明信息,直至从受理申请之日起不超过 3 个月的期间结束。

(3) 本条规定的指示生效时,申请可以继续进入依程序受理的阶段,但不得公布说明书。

(4) 专利局局长依据本条规定针对任何申请作出指示时,其应当将该申请和该指示通知联邦政府;下列规定应当随之生效:

(a) 联邦政府收到通知后应当判断公布发明或者该信息的公布或者传播是否会损害巴基斯坦国防或者公共安全;

(b) 联邦政府根据 (a) 项规定认为该说明书的公布或者该信息的公布或者传播会损害公共安全的,联邦政府应当通知专利局局长,专利局局长应当维持根据第 (2) 款所作的指示,直至该指示根据 (e) 项被撤销;

(c) 联邦政府根据 (a) 项确定该说明书的公布或者该信息的公布或者传播会损害公共安全的,除非联邦政府先前已经根据 (d) 项规定通知专利局局长,否则联邦政府应当自申请日起 9 个月的期间内重新考虑该问题,并在之后的每 12 个月期间中至少一次重新考虑该问题;

(d) 在任何时间考虑一项申请时,联邦政府认为说明书的公布或者申请书所含信息的公布或者传播不会或者不再继续损害巴基斯坦国防或者公共安全的,应当就此通知专利局局长;及

(e) 专利局局长在收到 (d) 项规定的通知后,应当撤销指示,并且可以在其认为适当条件下(如有)延长进行本条例要求或者授权的与该申请相关的任何事项的期间,无论该期间先前是否已经届满。

(5) 根据本条规定就其已作出指示的发明专利申请提交的完整说明书在

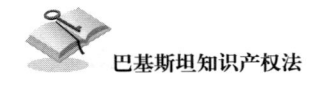

该指示撤销前被受理的：

（a）如果该发明由联邦政府或者代表联邦政府或者根据联邦政府的命令使用，则针对该使用应当适用第 58 条的规定，犹如该发明已被授予专利一样；

（b）如果联邦政府认为专利申请人由于指示持续生效而面临困难，在考虑发明的价值和效用、发明目的和任何其他相关情况后，可以通过赔偿的方式向申请人支付联邦政府认为合理的费用（如有）。

（6）根据本条规定已就其作出指示的申请被授予专利的，在指示生效期间，不应缴纳专利维持费。

第 26 条　未经允许居民不得在巴基斯坦境外申请

（1）未经专利局局长书面授权，巴基斯坦居民不得在巴基斯坦境外提交或者安排提交发明专利申请，但下列情况除外：

（a）在向巴基斯坦境外提交申请前至少 6 周已就同一发明向专利局提交申请；及

（b）未根据第 25 条对在巴基斯坦提交的申请作出指示，或者所有该等指示均已被撤销。

（2）第（1）款规定不适用于非巴基斯坦居民首先在巴基斯坦境外提交专利申请的发明。

第 8 章　专利授予和盖印

第 27 条　专利授予和盖印

（1）除本条例规定的异议和专利局局长依权力拒绝授予专利权的情形外，在本条允许的时间内提出请求的，经专利局盖印确认的专利应当在该时间内或者其后尽快授予申请人，并且专利盖印的日期应当记入登记簿。

（2）除本条例规定的附加专利的情形外，本条规定的专利盖印请求应当自完整说明书公布之日起 6 个月期间届满前提出，如果：

（a）在上述 6 个月期间届满时，在任何法院或者专利局局长席前针对专利申请进行的任何程序未决期间，在该程序最终决定作出后的 3 个月内可以提出该请求；及

（b）在根据本款规定本可提出请求的期间内申请人或者其中一人在该期

间届满前死亡的,前述该请求可以在该人死亡后 12 个月内的任何时间或者在专利局局长允许的较晚时间内提出。

解释:只要任何程序的上诉期间未届满,该程序即应当视为未决;当任何程序的上诉期间已经届满但未提起上诉时,该程序应当视为最终确定。

(3) 提出申请并且在延长期间内缴纳规定费用的,根据第(2)款提出专利盖印请求的期间可以由专利局局长延长 6 个月。

第 28 条 授予死者的专利的修改

根据依据本条例提出的申请对专利进行盖印后的任何时间,专利局局长信纳被授予专利的人在专利盖印前已经死亡或者法人团体不再存在的,其可以通过替代本来应当授予发明的人的名字来修改专利,相应地,该专利应当有效,并且应当被视为始终有效。

第 29 条 专利日期

(1) 除本条例另有规定外,专利应当自申请日起计算日期;在公约申请的情况下,自在主张优先权的公约国最早申请专利之日起计算日期。

(2) 每项专利日期均应记入登记簿。

第 30 条 专利授予的权利

(1) 除本条例另有规定外,巴基斯坦有效专利的持有人享有下列权利:

(a) 专利主题是产品的,有效专利的持有人可以禁止未经所有者同意的第三方制造、使用、许诺销售、销售或者出于前述目的进口该产品;及

(b) 专利主题是方法的,有效专利的持有人可以禁止未经所有者同意的第三方使用该方法,以及禁止使用、许诺销售、销售或者出于前述目的进口由该方法直接获得的产品。

(2) 有效专利的持有人亦有权让与或者通过继承转让专利以及签订许可合同。

(3) 除可行使的任何其他权利、救济或者诉讼程序外,专利权人有权根据第(4)款和第 59 条的规定,针对未经其同意而通过实施第(2)款中规定的行为侵犯专利权的人或者其实施行为可能导致侵权发生的人,向法院提起诉讼。

(4) 根据第 13 条第(9)款为保护有关药物或者农业化学产品发明的规

定已经提交邮箱申请的,在获得销售许可后,应当授予专有销售权,期限为获得销售许可后的5年,或者直至产品专利被授予或被驳回之日,以较短期间为准,但在1995年1月1日后,该产品的专利申请应已经提出并且在任何公约国该产品已经被授予专利且在该国获得销售许可;

(4A)如果某人就第(4)款中提及的任何产品的制造方法在巴基斯坦作出一项发明并且已经获得相同产品的发明专利,为保护该方法发明已经提交邮箱申请,且已经获得销售许可,则在获得销售许可后其应当享有该产品的专有销售权,其间为获得销售许可后的5年或者直至产品专利被授予或者被驳回之日,以较短期间为准。

(5)专利项下的权利不得延伸至:

(a)专利所有人或经其同意的人或获得授权的人,或者通过强制许可等其他任何合法方式,针对已经投放于世界各地市场的物品所采取的行为;

(b)在偶然或临时进入巴基斯坦领空、领地、领水的其他国家的飞行器上、陆上交通工具上或者船舶上使用物品;

(c)仅出于实验目的针对专利发明实施的行为;

(d)任何人在申请前或(如主张优先权)在巴基斯坦已授予专利的优先权日前,出于善意已经在使用该发明或者已经在为使用作充分和认真准备而所实施的行为;或

(e)为获得专利届满之后产品商业化许可所实施的必要行为,包括试验;或

(f)出于教育目的在教育或者研究机构实施的行为。

(6)第(5)款(d)项提及的在先使用人的权利仅可与进行使用或为使用作准备的企业或业务共同转让或转移,或与进行使用或为使用作准备的部分企业或业务共同转让或转移。

第31条 专利期限

本条例规定的专利期限为自申请日起20年。

第32条 特定条件下的专利授予

(1)尽管第31条有规定,但是如果在规定期限或者本条规定的延长期限内未缴纳专利维持费的,缴费期限届满则专利即行失效。

(2)在延长期限届满前向专利局局长提交了续期申请并缴纳了专利维持

费和规定的附加费用的,该缴纳维持费的期限由专利局局长延长不超过 6 个月。

第 9 章 关于发明权利的其他规定

第 33 条 从他人处获得的发明的优先权日

申请专利的发明已被其他申请在完整说明书中提出权利要求的,如果:

(a) 专利局局长根据第 23 条第(1)款(a)项规定的理由拒绝就该其他申请授予专利;

(b) 基于第 23 条第(1)款(a)项规定的理由,就该其他申请授予的专利已经由高等法院根据第 46 条或者由专利局局长根据第 47 条的规定予以撤销;或

(c) 由于专利局局长发现该发明是由申请人或者专利权人从任何其他人处获得,根据上述其他发明提交的完整说明书已经通过排除该发明涉及的权利要求的方式作出修改,则专利局局长可以指示,就本条例有关完整说明书中权利要求的优先权日的规定,首先提及的申请以及根据其提交的任何说明书应当视为在上述其他申请程序中相应文件提交或者视为提交之日已经提交。

第 34 条 向两人或者多人授予专利

(1) 向两人或者多人授予专利的,他们每人均有权享有专利中相等的不可分割的份额,除非存在有效的相反协议。

(2) 除本条和第 35 条另有规定外,两人或多人被登记为专利受让人或者所有人的,除非存在有效的相反协议,否则他们每人均有权自行或者通过其代理人为其自身利益实施、使用、行使和出售该专利发明而无须向他人作出解释。

(3) 除本条和第 35 条以及当前有效的任何协议另有规定外,两人或多人被登记为专利受让人或者所有人的,未经其他人的同意,其中一人不得授予专利许可,且不得转让专利中的份额。

(4) 对于两人或者多人登记为相关专利的受让人或所有人的专利物品,由其中一人销售的,买受人和通过其提出主张的任何人,有权以犹如该物品由唯一专利权人销售同样的方式处理该物品。

(5) 除本条另有规定外,普遍适用于动产所有权和转让的法律规定应适

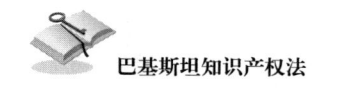

用于专利，第（1）款或第（2）款的规定不得影响受托人或死者的法定代理人的相互权利或义务，或者他们作为受托人或者遗产代理人的权利或义务。

第 35 条　专利局局长向共同所有人作出指示的权力

（1）两人或者多人被登记为专利受让人或者所有人的，应其中任何一人按规定方式向专利局局长提交的申请，专利局局长可以根据该申请针对该专利或者其中任何利益的销售或者出租、授予专利许可或者根据第 39 条行使与其相关的任何权利作出其认为适当的指示。

（2）登记为专利受让人或者所有人的任何人，在收到如此登记的任何其他人书面要求后 14 日内，未能签署任何文书，或者作出任何其他要求的事情，以实施根据本条作出的指示的，应其他人按规定方式向其提交的申请，专利局局长可以作出指示授权任何人以不作为人的名义代表其签署该文书或者作出该事情。

（3）在根据本条项下申请作出指示前，专利局局长应当给予下述人员陈述的机会：

（a）对于根据第（1）款提出申请的，登记为专利受让人或所有人的其他一人或者多人；及

（b）对于根据第（2）款提出申请的，不作为人。

（4）不得根据本条规定作出指示影响受托人或者死者法定代理人的相互权利或义务或者其作为受托人或者遗产代理人的权利或义务。

第 36 条　专利局局长或者法院裁定雇主和雇员之间纠纷的权利

（1）雇主和现在是或者曾经在相关时间是其雇员的人之间就该雇员单独完成或与其他雇员共同完成的发明的权利发生争议的，或者就已经授予的或者将要授予的与该发明相关的任何专利的权利发生争议的，专利局局长根据任何一方按照规定方式向其提交的申请并在给予每一方一次陈述的机会后，可以裁定该争议事项，并且可以作出其认为适当的命令以执行其裁定。

但是，如果专利局局长根据依据本条提出的申请认为争议事项涉及应当由法院裁定的问题时，可以拒绝处理该争议。

（2）在法院进行的雇主和现在是或者曾经在相关时间是其雇员的人之间的诉讼中，或者针对根据第（1）款向专利局局长提出的申请，法院或者（视情况而定）专利局局长如信纳双方均有资格享有雇员发明利益的，可以采用

法院或者（视情况而定）专利局局长认为公正的方式，通过命令规定在他们之间分配发明利益，以及已经授予的或者将要授予的针对该发明的任何专利。

（3）专利局局长根据本条作出的决定应同法院在当事人和根据当事人提出主张的人之间作出的决定有相同效力。

第 37 条　合同中的限制性条款无效

（1）除本条另有规定外，专利物品或者由专利方法生产的物品的销售或者出租合同或者许可实施专利物品或者方法的合同或者涉及任何该销售、出租或者许可合同的任何条件，只要其具有下列情形的，视为无效：

（a）要求买受人、承租人或被许可人从卖方、出租人或许可人或其代理人处获得，或者禁止从指定的人处或者除供应商、出租人、许可人或其代理人之外处获得专利物品或由专利方法生产的物品之外的任何物品；或

（b）禁止买受人、承租人或被许可人使用并非由买受人、出租人、许可人或其代理人提供的物品（无论是否取得专利），或者禁止其使用并非属于买受人、出租人、许可人或其代理人的专利方法，或者限制买受人、承租人或被许可人使用该物品或方法的权利。

（2）在针对任何人提起的专利侵权诉讼中，证明在侵权发生时同原告订立的或者经原告同意订立的合同中涉及该专利并且包含根据本条无效的条件的，即可作为一项免责辩护。

（3）符合下列情形的，合同条件不得根据本条规定而无效：

（a）在订立合同时，买受人、出租人或许可人愿意按照合同中明确规定的合理条件且不含第（1）款提及的任何条件向买受人、承租人或被许可人出售或出租该产品，或者授予使用或实施该产品或方法的许可（视情况而定）；及

（b）买受人、承租人或被许可人提前 3 个月向对方发出书面通知并向其支付合理补偿后，有权根据合同解除其须遵守该条件的责任。

第 38 条　特定合同的终止

任何销售或者出租专利物品的合同，或者许可制造、实施专利物品或方法的合同，或者任何有关该销售、出租或许可的合同，无论在本条例生效之前还是之后订立，在订立合同时保护该物品或者方法的（全部）专利停止有效后的任何时间，尽管在该合同中或者其他任何合同中有任何相反约定，

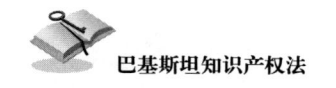

也可以由任何一方向另一方提前3个月发出书面通知予以终止。

第10章 附加专利

第39条 附加专利

（1）申请人就一项发明（以下简称"主要发明"）的改进或者修改提出专利申请，同时也就主要发明提出或者已经提出专利申请，或者是主要发明的专利权人的，专利局局长得应申请人的请求，以附加专利的形式授予主要发明的修改或者改进以专利权。

（2）作为对另一发明的改进或者修改的发明构成一项独立专利的主题，并且该专利的专利权人也是主要发明专利的专利权人的，如果专利权人提出请求，专利局局长可以通过命令撤销该改进或者修改专利，并就该改进或者修改授予专利权人附加专利，该附加专利的日期与撤销专利相同。

（3）除非完整说明书的提交日期与主要发明涉及的完整说明书的提交日期相同或者晚于该日期，否则不得作为附加专利授予专利。

（4）主要发明专利盖印前，附加专利不得盖印，并且除本条规定外提出附加专利盖印请求的期间在提出主要专利盖印请求的期间前届满的，附加专利的盖印请求可以在后一期间内任何时间提出。

第40条 附加专利的期限

（1）附加专利授予的期限应当等同于主要发明专利的期限，或者等同于其未届满部分的期限，并且应当在该期限内继续有效或者直至主要发明专利的期限提前终止不得延长，但是：

（a）根据本条例前述各款规定延长主要发明专利期限的，附加专利期限也应当相应延长；及

（b）根据本条例撤销主要发明专利的，法院或者（视情况而定）专利局局长可以命令该附加专利在主要发明专利剩余期间成为一项独立专利，相应地该专利应当作为独立专利继续有效。

（2）附加专利不缴纳维持费，但由于根据第（1）款规定的命令而附加专利成为一项独立专利的，应在此后相同日期缴纳相同的费用，犹如该专利最初作为独立专利授予一样。

第 41 条　附加专利不得被驳回等

附加专利的授予不得被驳回，并且考虑到任何下列内容的公布或者使用，作为附加专利授予的专利不得仅因为在完整说明书中提出权利要求的发明没有创造性而被撤销或者无效：

（a）在与附加专利相关的完整说明书中描述的主要发明；或

（b）在附加专利的完整说明书中或者在该附加专利申请的完整说明书中描述的主要发明的任何改进或者修改；附加专利的有效性不得因为该发明本应构成独立专利的主题而受到质疑。

第 11 章　说明书的修改

第 42 条　经专利局局长许可修改说明书

（1）除第 44 条另有规定外，对于应专利申请人或者专利权人根据本条规定提交的申请，专利局局长可以允许对该专利申请或者完整说明书基于其认为适当的条件（如有）而进行修改；

但当在法院进行的专利侵权诉讼或者专利撤销程序未决期间，专利局局长不得允许根据本条规定对已提交的申请修改说明书。

（2）依本条规定而提出的修改专利申请或者说明书的申请，应当声明拟议修改的性质并且充分详细说明提出申请的理由。

（3）完整说明书和拟议修改的性质被受理后，依本条规定而提出的修改专利申请或者说明书的申请应当以规定的方式公告。

（4）在第（3）款所指申请公告作出之后的规定期间内，任何利害关系人可向专利局局长提交关于该申请的异议声明，且该异议声明一经按期提交，专利局局长即应通知申请人，并在决定作出之前给予申请人和异议人一次听证的机会。

（5）对于因专利授予异议程序或者因本条例关于授权专利局局长指示引用另一说明书或者专利、拒绝授予专利或者撤销专利的规定而引起的说明书修改，本条不适用，说明书的修改得到专利局局长信纳的除外。

第 43 条　经高等法院许可修改说明书

（1）在撤销专利诉讼的程序中，高等法院可以在符合第 44 条规定的情况下，通过命令允许专利所有人以其认为适当的方式并在符合其认为适当的针对费用、公告或者其他的条款的情况下修改其完整说明书；并且如果在任何该撤销诉讼中被裁决该专利无效，高等法院可以允许根据本条修改该说明书而非撤销该专利。

（2）根据本条向高等法院提出一项命令申请的，申请人应当将申请情况通知专利局局长，专利局局长有权出庭和陈词，或者如果高等法院如此指示，专利局局长应当出庭。

第 44 条 有关修改说明书的补充规定

（1）除为更正明显错误外，不允许修改说明书；其修改的结果应当是经修改的说明书所主张或描述的事项实质上未在修改前的说明书中披露。

（2）在完整说明书公告日期后，如果专利局局长或者高等法院根据本条例允许或者批准说明书的任何修改，除非由于欺诈，否则不得对专利权人或者申请人作出修改的权利提出异议，该修改均应视为构成说明书的一部分；

但在解释经修改的说明书时，可以引用最初公布的说明书。

（3）在完整说明书公告日期后，根据本条规定允许或者批准修改说明书的，说明书已经修改的事实应在官方公报上公布。

第 12 章 失效专利的恢复

第 45 条 失效专利的恢复

（1）专利因未在规定期间内续费而失效的，可自专利失效之日起 18 个月内，依本条以规定方式向专利局局长提出专利恢复申请。

（2）本条规定的申请可以由专利所有人或者假如该专利没有失效本会享有该专利的任何其他人提出；专利由两人或者多人共同持有的，经专利局局长许可，可以由其中一人或者多人（但无须加入其余的人）申请。

（3）如果专利局局长信纳：

（a）专利所有人已尽合理注意确保在规定的期间内缴纳维持费或者在该期间结束后 6 个月内缴纳该费用和任何规定的附加费；且

（b）该等费用未缴纳是由于其无法控制的情况的，专利局局长应当在缴纳任何未付的维持费和任何规定的附加费后通过命令恢复该专利。

（4）本条项下的命令可以在符合专利局局长认为适当的条件下作出，如果专利所有人不符合该命令的任何条件，专利局局长可以撤销该命令，并针对撤销的后果作出其认为适当的指示。

（5）根据本条作出命令，并且自有关专利权失效之日起 6 个月的期间结束之日至根据本条提出申请之日之间，任何人善意地开始使用该发明专利或者已为使用该发明进行有效和认真的准备的，其在该命令生效后有权使用该发明并且该使用不构成对该有关专利的侵权。

（6）在行使第（5）款授予的权利时，任何人将一项专利产品处置给另一人的，该另一人或任何通过其提出主张的任何其他人，有权以相同的方式处理该产品，犹如是由专利唯一登记所有人处置的一样。

第13章 专利的撤销和放弃

第46条 由高等法院撤销专利

（1）除本条例另有规定外，根据任何利害关系人或者联邦政府的请求或者根据专利侵权诉讼中的反诉，高等法院可以依据拒绝授予专利的任何一项或者多项理由部分或者全部撤销该专利。

（2）在不损害第（1）款规定的情况下，高等法院信纳专利权人无合理理由不服从政府基于合理条款请求制造、使用或者实施专利发明以为政府服务的，高等法院可以根据联邦政府的请求撤销专利。

（3）根据本条提出的专利撤销请求通知应当送达所有登记在登记簿上的专利所有人或者在该专利中享有份额或者利益的人，而无须向任何其他人送达通知。

第47条 由专利局局长撤销专利

（1）专利盖印后 12 个月内的任何时间，未对专利权授予提出异议的利害关系人可以依据本应对专利授予提出异议的任何一项或者多项理由向专利局局长申请命令撤销该专利；

但专利侵权诉讼或者专利撤销程序在任何法院未决期间，非经该法院许可，不得根据本条提出申请。

（2）根据本条提出申请的，专利局局长在作出决定前，应当通知专利权人并且应当给予专利权人和申请人一次陈述机会。

（3）根据本条提出的申请，专利局局长认为第（1）款规定的任何一项

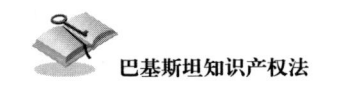

理由成立的，其可以通过命令指示无条件撤销该专利，除非在命令规定的时间里将完整说明书修改并令其信纳；

但是存在使其有正当理由拒绝授予该专利的情况，专利局局长不得根据本条作出无条件撤销专利的命令。

第48条 由联邦政府撤销专利

联邦政府认为：

（a）专利或者实施专利的方式对国家有害或对公众普遍不利的；或

（b）通过在申请书中隐瞒事实或者虚假陈述方式获得专利的；或

（c）为防止由行使专利授予的专有权产生的权利滥用，例如不实施或者涉及反竞争行为，而发放的强制许可不充分，在给予专利权人一次陈述的机会后，联邦政府可以在官方公报上就此进行公告，随即该专利应被视为撤销；

但是在自首次强制许可后2年期限届满前，不得提起（c）项规定的程序。

第49条 由专利局局长撤销已放弃的专利

（1）专利权人可以在任何时间按照规定的方式通过向专利局局长发出通知提出放弃其专利。

（2）根据第（1）款提出请求的，专利局局长应当将该放弃专利的请求按照规定的方式公告，并且也应当通知除专利权人外的其姓名登记在专利登记簿上对该专利享有利益的每一人。

（3）在以上公告发布后的规定期限内，任何利害关系人可就专利之放弃向专利局局长提交异议声明，该声明一经提交，专利局局长即应通知专利权人。

（4）专利权人和异议人要求举行听证，专利局局长经听审确信该专利之放弃并无不当的，须受理该请求并以命令终止该专利权。

第14章 专利局局长的权力

第50条 专利局局长具有民事法院的特定权利

除根据本条例制定的规则外，专利局局长依据本条例在其主持的任何程序中就下列事项应具有民事法院按照1908年民事诉讼法（1908年第5号）审理诉讼案件时享有的权利：

(a) 传唤和强制任何人出席以及经宣誓而询问任何人；

(b) 要求开示和出示任何文件；

(c) 获得经宣誓的证据；

(d) 委托对证人或者文件进行询问；及

(e) 判定费用。

第51条　专利局局长更正书写错误的权力

(1) 专利局局长可以根据本条规定更正专利、说明书、专利申请或者根据该申请提交的其他文件中的书写错误或者载于登记簿的事项中的书写错误。

(2) 根据本条作出更正，可以基于任何利害关系人提交的书面请求和缴纳规定费用，也可以不基于该请求。

(3) 除依据本条提出的请求外，专利局局长拟议作出第(1)款所述更正的，应当将该提议通知专利权人或者专利申请人，或者其认为有关的其他人，并且在作出更正前应当给予他们陈述的机会。

(4) 为更正在专利或者专利申请或者根据该申请提交的文件中的书写错误而根据第(2)款提出请求，并且专利局局长认为更正将会实质性改变请求所涉及的文件的含义或者范围并且不应当未经通知因更正而受影响的人即作出更正的，专利局局长应当要求按规定的方式将针对拟议更正的性质的通知进行公告。

(5) 在第(4)款所指公告作出之后的规定期间内，任何利害关系人可向专利局局长提交关于该请求的异议声明，且该异议声明一经提交，专利局局长即应通知该异议所针对之请求人，并在决定作出之前给予请求人和异议人一次听证的机会。

第52条　向专利局局长提交的证据

在符合根据依本条例制定的任何规则的情况下，根据本条例在专利局局长主持的任何程序中，如果专利局局长未作相反指示，证据应当经宣誓书提出，但是在专利局局长认为恰当的任何情况下，其可以允许提供口头证据以替代或增补经宣誓书提出的证据，或者允许对任何一方就其宣誓书的内容进行交叉询问。

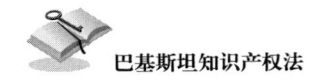

第 53 条　专利局局长行使自由裁量权

在不损害本条例要求专利局局长听取其受理程序中的任何一方或者给予该方陈述机会的任何规定的情况下，在对申请人不利地行使专利局局长由本条例赋予的任何自由裁量权前，在规定的时间内该申请人提出要求的，专利局局长应当给予任何专利申请人或者任何说明书修改申请人进行陈述的机会。

第 15 章　专利登记

第 54 条　专利登记簿

（1）专利局应当保存专利登记簿，其中应当记录专利被授予人的姓名和住址，专利转让和遗赠通知、专利许可通知和专利修改、延期和撤销通知，以及其他规定的影响专利有效性或者所有权的详细内容。

（2）依据 1911 年专利与外观设计法（1911 年第 2 号）保存的专利登记簿应当并入依据本条例保存的登记簿，并且构成该登记簿的一部分。

（3）信托通知，无论明示、默示或者推定，均不得记入登记簿，并且专利局局长不应受任何该等通知的影响。

（4）专利局局长应当在联邦政府的监督和指导下，对登记簿的保存进行控制和管理。

第 55 条　转让、继承等的登记

（1）任何人通过转让、继承或者根据法律规定有权获得专利权或者专利份额或者作为抵押权人、被许可人或者以其他身份有权获得专利任何其他利益的，应当按照规定方式向专利局局长书面申请在登记簿中登记其所有权或者（视情况而定）权益通知。

（2）在不损害第（1）款规定的情况下，对专利或者专利份额享有权利或者通过抵押、许可或者其他文书对专利其他任何利益享有权利的任何人，其权利登记申请可以由转让人、抵押人、许可人或该文据的另一方按照规定方式提出。

（3）对依据本条提出权利登记申请的，专利局局长应当在获得令其信纳的证明后：

（a）申请人对专利或者专利份额享有权利的，将其作为专利所有人或者

共同所有人登记在登记簿中，并在登记簿中记录其通过文书或者事件获得所有权的详细内容；或

（b）申请人对专利的任何其他利益享有权利的，在登记簿中记入其权益通知以及产生该权益的文书（如有）的详细内容。

（4）除本条例有关专利共同所有权的规定以及由记入登记簿的通知所赋予他人的权利外，记载为专利受让人或者所有人的一人或者多人有权转让、授予专利项下的许可或者以其他方式处理该专利，并对该转让、许可或处理的对价出具有法律效力的收据；

有关该专利的任何权益均可按其他动产的方式强制履行。

第56条 高等法院更正登记簿的权力

（1）高等法院所受理之申请的请求人若受有下列任一情形之侵害：

（a）登记簿中缺失或者遗漏任何记录；

（b）登记簿中的记录无充分理由；

（c）基于错误地保留列入登记簿的任何记录；或

（d）登记簿中的记录有任何错误或者瑕疵，高等法院得酌情作出记入、修改或删除相应记录的命令。

（2）在本条规定的任何程序中，高等法院可以决定更正登记簿时可能需要或者适宜作出的任何问题。

（3）根据本条向法院提交的申请应当按照规定的方式通知专利局局长，专利局局长有权就该申请出庭并作出陈述，高等法院要求出庭的，其应当出庭。

（4）高等法院根据本条更正登记簿的命令的通知应当按照规定的方式送达专利局局长，其在收到该通知后相应地修改该登记簿。

第57条 登记簿的查阅和摘录等

（1）除本条例和规则另有规定外，公众有权在任意方便的时间查阅登记簿，经专利局盖章确认予以核证的登记簿内容副本，在支付规定费用的情况下应当向任何要求获取它们的人提供。

（2）登记簿应是本条例要求或者授权登记的任何事项的初步证据。

（3）除根据第55条提出申请的情况外，根据第54条第（3）款未记入登记簿的文件在任何法院均不得作为任何人对专利享有权利或者享有份额或者

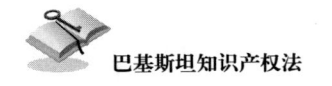

享有专利利益的证据予以承认,但法院另有指示的除外。

第 16 章　强制许可、权利许可、专利实施和专利撤销

第 58 条　由政府机构或者第三人实施

(1) 在符合第(2)款规定的情况下:

(ⅰ) 公共利益,尤其是国防安全、营养、健康或者国家经济的其他重要领域发展需要的;或

(ⅱ) 联邦政府已经确定专利权人或者其被许可人实施专利的方式是反竞争的,并且联邦政府信纳根据本款实施该发明将对该等行为予以纠正的;或

(ⅲ) 专利所有人拒绝以合理的商业条款和条件向第三方授予许可的;或

(ⅳ) 专利尚未以有助于促进技术创新和技术转让与传播的方式实施的;

即使未经专利权人同意,联邦政府也可以决定,政府机构或者经联邦政府指定的第三人可以实施专利发明。

(2) 专利权人或者任何利害关系人要求举行听证的,联邦政府根据第(1)款作出决定前,应当给予其听证的机会。

(3) 专利发明的实施应当限制在其授权目的范围内,并且应当为此向上述专利所有人支付足够补偿;且应考虑该决定确定的联邦政府授权的经济价值,以及根据第(1)款作出决定时纠正反竞争行为的需要。

(4) 要求联邦政府进行授权的请求应当附有证据证明该专利权人已经从寻求授权的人处收到合同许可的请求,但该人并未在合理时间内以合理的商业条款和条件获得该许可;

本款不适用于下列情况:

(ⅰ) 国家紧急状态或者其他偶发紧急情况,但在该等情况下应当在合理可行的时间内将联邦政府的决定尽快告知专利权人;

(ⅱ) 公众非商业性使用的;及

(ⅲ) 由司法或者行政机关根据第(1)款(ⅱ)目确定为反竞争行为的。

(5) 对半导体技术领域的专利发明的授权实施应当仅为公众非商业使用或者消除反竞争行为,或者司法或者行政机关已经确定专利所有人或被许可人实施发明专利的方式是反竞争的且联邦政府认为授予该非自愿许可会纠正该反竞争行为。

（6）授权应当视各自情况而定，并且不得禁止：
（ⅰ）专利所有人订立许可合同；
（ⅱ）专利所有人继续行使其在第 30 条项下的权利；或
（ⅲ）根据第 59 条签发非自愿许可。
（7）第三人经联邦政府指定的，该授权仅可以随该人的企业或业务或实施专利发明的部分企业或业务一同转移。
（8）政府机构或者经联邦政府指定的第三人依据第（1）款（ⅰ）目实施发明的，该实施应当主要是供应巴基斯坦市场。
（9）根据专利所有人或者授权实施发明专利的政府机构或者第三人的请求，其中一方或者双方希望作出陈述的，在听取各方陈述之后，联邦政府可以变更授权实施专利发明决定的条款，只要变化了的情况证明该变更是合理的。
（10）根据专利所有人的请求，在充分保护被授权人的合法权益的情况下，其中一方或者双方希望作出陈述的，在听取各方陈述之后，联邦政府认为作出决定的情况已经不存在并且不会再发生的，或者政府机构或经政府指定的第三人未遵守决定的条款的，应当终止授权。
（11）尽管有第（10）款的规定，但是联邦政府如果认为充分保护政府机构或者经政府指定的第三人的合法利益之需要能够证明维持该决定是合理的，不得终止授权。
（12）对联邦政府根据第（1）款至第（9）款作出的决定，可以向高等法院提起上诉。

第 59 条　专利局局长授予强制许可的权力

（1）自提交专利申请之日起 4 年期间届满后或者自授予专利之日起 3 年期间届满后，以在后届满期间为准，根据按照规定的方式向专利局局长提出的请求，专利局局长可以为防止由于行使专利赋予的权利所导致的滥用行为（例如不实施专利）而签发非自愿许可。
（2）尽管有第（1）款的规定，但是专利所有人使专利局局长信纳存在证明在巴基斯坦未实施或者未充分实施专利发明是合理的情况的，不得签发非自愿许可。
（3）签发非自愿许可的决定应当确定：
（ⅰ）许可范围和用途；

（ⅱ）被许可人必须开始实施专利发明的时间期限；及

（ⅲ）向专利所有人支付足够补偿的数额和支付条件。

（4）非自愿许可的受益人有权在巴基斯坦根据签发许可的决定中规定的条款实施发明专利，应当在上述决定确定的时间期限内开始着手实施该专利发明，其后，应当充分实施该专利发明。

（5）如果在一项专利所主张的发明（以下简称"在后专利"）不侵犯一项根据从较早申请或者优先权日获益的申请所授予的专利（以下简称"在先专利"）就在巴基斯坦无法实施，而且在后专利发明比在先专利发明具有显著经济意义的重大技术进步，则根据在后专利所有人的请求，出于避免侵犯在先专利之必要，专利局局长可以签发非自愿许可。

（6）根据第（5）款签发非自愿许可的，专利局局长根据在先专利所有人的请求，应当针对在后专利签发非自愿许可。

（7）根据第（5）款和第（6）款请求签发非自愿许可的，参照适用第（3）款时无须确定时间期限。

（8）在根据第（5）款签发非自愿许可的情况下，仅可针对在后专利进行转让；或者在根据第（6）款签发非自愿许可的情况下，仅可针对在先专利进行转让。

（9）请求签发非自愿许可应当支付规定费用。

（10）根据本条签发非自愿许可的，参照适用第 58 条第（2）款至第（10）款的规定。

第 17 章　专利侵权诉讼

第 60 条　专利侵权诉讼

（1）专利权人依据本条例就一项发明获得专利的持续有效期间内，任何人未经其许可制造、销售或者使用该发明，或者伪造、模仿该发明的，专利权人可以向有司法管辖权的地区法院提起诉讼；

但被告提出撤销专利的反诉的，本诉连同反诉应当一并移交高等法院裁决。

（2）本条例规定的撤销专利的理由可作为专利侵权之诉的抗辩。

第 61 条　侵权诉讼中的救济

（1）在任何侵权诉讼中，法院有权：

（a）通过损害赔偿金、禁止令或者要求交出所得利润的方式给予救济，但在允许的情况下，法院也可以命令采取有效的临时措施；

（b）专利主题是获得产品的方法的，命令被告证明获得相同产品的方法不同于专利方法，在没有相反证据的情况下，该有关相同产品应当视为是通过专利方法获得；

条件是，通过专利方法获得的产品是新的，如果在专利权人提起司法诉讼前产品投入市场还未超过 1 年；

但是，本条适用的前提是原告以现有证据证明涉嫌侵权的产品与通过专利方法直接生产的产品相同；

而且，在引用相反证据时，应当考虑被告保护其制造秘密以及商业秘密的合法利益。

（2）在任何侵权诉讼中：

（a）法院有权命令采取迅速有效的临时措施：

（i）为防止侵权，尤其是为了防止商品（包括清关后的进口商品）进入商业渠道；及

（ii）为了保存与被指控侵权行为有关的证据；

（b）法院有权在适当情况下不经事先向另一方提供陈述的机会而命令采取临时措施，特别是当任何延迟有可能对权利持有人造成无法弥补的损害，或者存在证据被销毁的明显危险时；

（c）法院得依职权要求申请人提供可合理获得且具有足够确定性的证据，以证明申请人系权利持有人且其权利正遭受侵害或者有侵害之虞，还可命令申请人提供足以保护被告、防止权利滥用的担保或者等额保证金；

（d）不经事先向另一方提供陈述的机会而采取临时性措施的，应及时通知受影响的当事人，最晚应在执行上述措施后通知；应被告要求，应当对措施进行审查（包括获得陈述的权利），目的是在通知措施后合理期间内决定是否应对该等措施进行变更、撤销或者确认；

（e）法院可以要求申请人提供其他的必要信息以便确定有关的商品；

（f）以不抵触（d）项规定为限，裁决案件实体问题的诉讼未在不超过 20 个工作日或者 31 个日历日的合理期限内提起的，经被告请求，基于（a）项、（b）项而作出的临时措施应被撤销或者终止效力；且

（g）临时性措施已被撤销的，或者由于请求人的任何行为或者未履行法律责任而失效，或者随后发现不存在对知识产权的侵权或者侵权威胁的，法

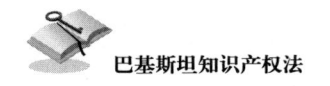

院有权应被告请求命令申请人针对因采取该等措施而造成的任何损失向被告提供适当赔偿。

第 62 条　在特定案件中不对被告判决损害赔偿金

（1）在专利侵权诉讼中，被告能够证明其在侵权发生之日不知悉并且没有合理理由假定专利已存在的，不得对被告判决损害赔偿金；任何人不得仅因为在物品上使用了"专利"或"受专利保护"的字样，或者任何表示或者暗示该物品已获得专利的字样，而被认为已经知悉上述专利存在或者有合理理由假定上述专利存在，除非有关的字样附带有专利号。

（2）本条任何规定不得影响法院在任何专利侵权诉讼中签发禁令的权力。

第 63 条　侵犯部分有效的说明书的救济

（1）在任何专利侵权诉讼中认定说明书中主张侵权的任何一项权利要求是有效的，但任何其他权利要求都是无效的，法院可以针对受到侵害的任何有效权利要求给予救济。

但除第（2）款所述情况外，法院不得通过损害赔偿金或者诉讼费用的方式给予救济。

（2）原告证明该无效权利要求为善意地并以合理的技能和知识所撰写的，法院应当就受到侵犯的任何有效权利要求给予救济，关于诉讼费用以及应开始计算损害赔偿金的日期，由法院自行酌情决定。

第 64 条　独占被许可人提起的侵权诉讼

专利独占被许可人自许可日期后，应类同于专利权人，有权提起专利侵权诉讼。法院在该等诉讼中判处损害赔偿金或者提供其他救济时，应考量独占被许可人自身遭受或可能遭受的损失；有利润因侵权行为而产生并构成对独占被许可人自身权利之侵害的，对该利润也应予以考量。

第 65 条　争议说明书的有效性的证明

（1）在法院进行的任何诉讼程序中，说明书的任何权利要求的有效性受到质疑并且该权利要求被法院认定为有效的，法院可以证明该权利要求的有效性在该等诉讼程序中受到质疑。

（2）签发该等证明的，如果在法院随后进行的任何专利侵权诉讼或者撤销专利诉讼中，作出或者给予的最终命令或判决有利于依赖该专利有效性的一方，则除非法院另有指示，否则该方有权获得全部诉讼费用，只要其涉及被给予证明的权利要求；

但是本款不适用于上述任何该等诉讼的任何上诉费用。

第 66 条　针对无理侵权诉讼威胁的救济

（1）任何人，无论是否对专利或专利申请享有权利或者享有利益，通过通知、广告或者其他方式以专利侵权诉讼威胁其他人的，因此而受侵害者可以针对前者提起诉讼，要求获得第（2）款规定的任何救济。

（2）除非被告在依第（1）款所提出之诉讼中证明，诉讼威胁所针对之行为构成或者一旦实施即构成侵害专利权或者侵害受充分公开之说明书支持的权利要求所产生的权利，而原告又无法表明该专利权或者该权利应属无效，否则原告有权获得下列救济：

（a）关于威胁不正当的声明；

（b）反对继续威胁的禁止令；及

（c）其由此遭受的损害赔偿金（如有）。

（3）为避免疑义，特此声明，仅通知专利的存在并不构成第（1）款所指的诉讼威胁。

第 67 条　法院针对不侵权作出声明的权力

（1）在被告和专利权人或者在专利独占许可持有人之间的诉讼中，如果能够证明存在下列情况，尽管专利权人或者被许可人未提出相反主张，法院也可以作出被告使用专利方法，或者制造、使用或者销售任何物品不构成且不会构成对一项专利权利要求的侵犯的声明：

（a）原告已经书面请求专利权人或者被许可人作出与要求的声明大意相同的书面认可，并已经以书面形式向其提供有关专利方法或专利产品的全部细节；且

（b）专利权人或者被许可人拒绝或忽略给予该认可。

（2）依据本条为作出声明而提起的诉讼中各方的费用应由原告缴纳，但出于特殊原因法院认为适合另行命令的除外。

（3）不得在依据本条为作出声明而提起的诉讼中对专利说明书中权利要求的有效性提出异议；就专利作出或者拒绝该声明不得被视为暗示该专利是

• 75 •

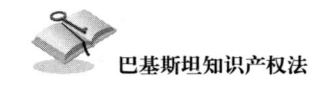

有效的。

（4）在专利申请的完整说明书公布日之后的任何时间，依据本条可以为作出声明而提起诉讼，并且在本条中对专利权人的引述应当据此解释。

第68条　法院指定科学顾问的权力

（1）在法院依据本条例受理的任何专利侵权诉讼或者任何程序中，无论各方是否为此提交申请，法院均可以在任何时间指定一名独立的科学顾问协助法院，或者就其出于此目的确定的事实问题或鉴定问题进行询问并制作报告，但不涉及法律解释的问题。

（2）根据第（1）款指定的科学顾问的报酬应当由法院确定，并且应当包含制作报告的费用以及要求科学顾问出庭的适当的每日费用；该笔报酬应当从联邦政府出于此目的而提供的资金中支付。

第18章　上　　诉

第69条　上　　诉

（1）不得针对由联邦政府根据本条例作出的或发布的任何决定、命令或者指示或者专利局局长为使任何此类决定、命令或指示生效而从事或发布的任何行为或命令提出上诉。

（2）政府当局和官员如果在施行本条例的过程中善意采取或者意图采取行动的，将免于承担适当补救措施的责任。

（3）除第（1）款外，可以针对由联邦政府或者专利局局长根据本条例的任何其他规定作出的任何决定、命令或者指示向高等法院提起上诉。

（4）根据本条提起的上诉应当以书面形式并且应在专利局局长或者联邦政府作出决定、命令或者指示之日起3个月之内或者高等法院允许的更长时间内提出。

第70条　上诉审理程序

（1）在高等法院提起的所有上诉应当提交申请书，应当以高等法院制定的规则规定的形式提出，并且应包含高等法院制定的规则规定的详细内容。

（2）根据本条提起的所有上诉应当由高等法院的一名独任法官审理；但是，该法官在诉讼任何阶段如认为适当，可以将该上诉案件交由高等法院的多名法官审理。

（3）根据本条提起的所有上诉应当尽快审理并且尽量在提起上诉之日起 12 个月内对上诉案件作出裁决。

第 19 章 处 罚

第 71 条 特定发明违反保密规定的处罚

未遵守根据第 25 条作出的任何指示或者违反第 26 条提交或者致使提交专利申请的，处 2 年以下有期徒刑，并处或者单处 2 万卢比以下罚款。

第 72 条 对任何登记簿中虚假登记等的处罚

在根据本条例保存的任何登记簿中作出或者致使作出虚假记载，或者虚假地声称是该登记簿中记录的副本的字句，或者在明知该记录或字句是虚假的情况下出示或呈交或者致使出示或呈交任何该等字句作为证据的，处 2 年以下有期徒刑，并处或者单处 2 万卢比以下罚款。

第 73 条 对虚假陈述的处罚

虚假陈述其销售的任何物品在巴基斯坦已经取得专利的或者正在巴基斯坦申请专利的，处 5000 卢比以下罚款。

解释 1：

在本条中，有下列情况之一的，应当被视为作出下列陈述：

（a）如果物品上面贴有、刻有或印有或者以其他方式使用"专利"或"受专利保护"的字样或其他显示或暗示该物品已在巴基斯坦获得专利的字样，则被视为表明该物品在巴基斯坦已经获得专利；或

（b）如果物品上面贴有、刻有或印有或者以其他方式使用"已申请专利"或者"专利申请中"的字样或者其他显示或者暗示该物品已在巴基斯坦提出专利申请的字样的，则被视为表明该物品正在巴基斯坦申请专利。

解释 2：

使用"专利"、"受专利保护"、"已申请专利"和"专利申请中"的字样或其他显示或暗示该物品已获得专利或者专利已经申请的字样的，应当视为指该专利在巴基斯坦有效或者在巴基斯坦专利申请正在进行（视情况而定），除非上面附有在巴基斯坦以外的任何国家已获得专利或者专利已经申请的标记。

第 74 条 非法使用"专利局"字样的处罚

在营业地或者在发出的任何文件上或者以其他方式使用"专利局"字样

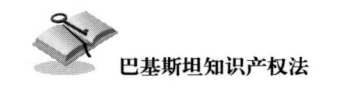

或任何其他有理由相信其营业地是专利局或者与专利局有正式关系的字样，应处 2 年以下有期徒刑，并处 100 万卢比以下罚款。

第 75 条　拒绝或者未能提供信息的处罚

（1）拒绝或者未能向专利局局长提交由或者根据本条例要求提交的任何信息或者陈述的，应处 5000 卢比以下罚款。

（2）被要求提供第（1）款所述任何信息的任何人，提交的信息或陈述是虚假的，并且其明知或者有理由相信是虚假的或者不认为是真实的，应处以 5 万卢比以下罚款。

第 76 条　违反第 20 条的处罚

申请人未能提交根据第 20 条所要求的陈述的或者所提交的信息在任何重要细节方面就其所知是虚假的或者其未能遵守专利局局长要求在规定时间内提交的，应处 5000 卢比以下罚款。

第 77 条　非注册专利代理人执业的处罚

违反第 82 条规定的，如属首次定罪，应处 2.5 万卢比以下罚款，如属第二次或其后定罪，应处 10 万卢比以下罚款。

第 78 条　公司等的违反

（1）犯本条例规定罪名的人是公司、法人、企业或者机构的，并且公司、法人、企业或者机构的每一所有人、董事和雇员明知其属犯罪行为仍然同意实施该犯罪行为的，即属犯罪。

但是，如果其能够证明该违法行为是在其不知情的情况下实施或者其已尽一切应尽努力防止实施该犯罪行为，则该人不承担任何惩罚。

（2）尽管有第（1）款的任何规定，但是由公司实施本条例项下违法行为，并且能够证明该违法行为系经该公司的董事、经理、秘书或者该公司的其他高级管理人员同意或者默许实施的或者可归因于其任何疏忽的，应对该董事、经理、秘书或者其他高级管理人员追究法律责任，并相应地予以处罚。

解释：

在本条中：

（a）公司指任何法人团体并且包含商号或者其他个人团体；且

（b）董事，就商号而言，指商号的合伙人。

第 20 章 专利代理人

第 79 条 专利代理人的登记簿

专利局应保存专利代理人登记簿，其中应记载有资格作为专利代理人在专利局执业的所有人员的姓名和地址。

第 80 条 专利代理人的登记

专利局局长可以根据按规定方式提出的申请将任何年满 21 周岁、具有规定资质并已缴纳规定费用的巴基斯坦公民登记为专利代理人。

第 81 条 专利代理人对某些文件的签署和核实

（1）在符合第（2）款和规则规定的情况下，根据本条例向专利局局长提交的所有申请和通信可以书面授权由专利代理人代替当事人签署。

（2）下列文件中：

（ⅰ）专利申请书；

（ⅱ）失效专利恢复申请书；

（ⅲ）异议通知书；

（ⅳ）许可修改申请书；

（ⅴ）撤销强制许可申请书；及

（ⅵ）专利弃权通知书；

应由提出该申请或者发出该通知的人按规定的方式签署和核实；

但是，该人不在巴基斯坦的，可以由其为此书面授权的专利代理人签署和核实。

第 82 条 对专利代理人执业的限制

（1）无论单独还是与任何其他人合伙，任何人不得作为专利代理人执业或者将自己称为或者显示自己为专利代理人或者允许自己被称为或被显示为专利代理人，除非其已注册为专利代理人或者（视情况而定）其和其所有合伙人已注册为专利代理人。

（2）任何公司或其他法人团体不得作为专利代理人执业或者将自己称为

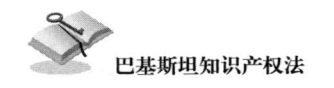

或显示为专利代理人或者允许自己被称为或被显示为专利代理人。

解释：

在本条中，作为专利代理人执业包含任何下列行为：

(a) 在巴基斯坦或者其他地方申请或者获得专利；

(b) 出于本条例或者任何其他国家专利法的目的准备说明书或者其他文件；及

(c) 除科学或技术性质的建议外，针对专利有效性或者其侵权提供建议。

第83条 从专利代理人登记簿中注销和恢复

（1）联邦政府在给予专利代理人合理说明的机会后和其认为适宜进行的进一步询问（如有）后，如信纳存在下列任一情况的，可以从专利代理人登记簿中注销该人的姓名：

（ⅰ）其姓名错误地登记在专利代理人登记簿中或者其姓名登记在专利代理人登记簿中系由于虚假陈述或隐瞒重要事实；或

（ⅱ）其被宣判有罪并被判处监禁或者在专业方面有不当行为，联邦政府认为不合适将其登记在专利登记簿中。

（2）联邦政府可以根据申请和提出的充分理由，将已从专利代理人登记簿中注销的专利代理人姓名恢复到专利代理人登记簿中。

第84条 专利局局长拒绝承认代理人的权力

（1）专利局局长得根据为此而制定之规定，就本条例所涉业务拒绝承认下列人员为代理人：

(a) 其姓名已从专利代理人登记簿中注销且尚未恢复的任何人；

(b) 根据第77条被判有罪的任何人；

(c) 未登记为专利代理人，并且专利局局长认为以受雇人的名义或者为了受雇人的利益而完全或者主要担任代理人在巴基斯坦或者其他地方申请专利的任何人；或

(d) 任何公司或事务所，如果专利局局长就本条例项下任何业务拒绝承认其为专利代理人的任何人是该公司的董事、经理或者事务所的合伙人。

（2）专利局局长针对本条例项下任何业务应拒绝承认在巴基斯坦既无居住地又无营业地的任何人为代理人。

第85条 关于获授权担任代理人的其他人的保留

本章任何规定不得视为禁止：

（a）专利申请人或由申请人正式授权的非专利代理人的任何人起草任何说明书或出现在专利局局长席前或在专利局局长席前行事；或

（b）一名非专利代理人的律师除起草任何说明书之外参与根据本条例提起的任何诉讼。

第21章 国际安排

第86条 联邦政府宣布一国为公约国的权力

（1）为了履行巴基斯坦和任何其他国家的条约、公约或者安排，除世界贸易组织成员外，联邦政府可以通过在官方公报上通知的方式宣布该国就本条例而言是公约国。

（2）可以出于本条例全部规定或者部分规定之目的，作出第（1）款项下的声明，并且出于本条例部分规定之目的而作出有效声明的国家，应仅出于该等规定之目的被视为公约国。

第87条 有关公约申请的补充规定

在本条例中，任何事项，如在公约国的保护申请中或者申请人为获得保护而在支持该申请且在提交该申请的同时提交的任何文件中予以主张或披露，而非通过否认或者承认现有技术的，应被视为已在公约国的保护申请中被披露，但是不得考虑任何该等文件所作的披露，除非根据第88条规定将该文件副本与公约申请提交专利局。

第88条 随公约申请提交的文件

（1）根据本条例提出公约申请的，除完整说明书外，在公约申请后的3个月内或者专利局局长基于正当理由允许的更长期间内，申请人应当连同申请书提交由申请人向提出相关申请的公约国专利局提交的或者在公约国专利局存放的说明书或者相应文件的副本，经公约国专利局官方负责人核实或者以令专利局局长信纳的其他方式核实。

（2）第（1）款提及的任何该等说明书或者其他文件是外文的，通过宣誓书或其他令专利局局长信纳的方式核实的英文译文应当附于该说明书或者文件。

（3）在本条例中，在公约国提出申请之日，是专利局局长根据公约国专

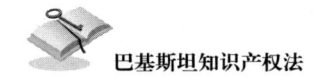

利局官方负责人或局长出示的证明或以其他方式信纳在该公约国提出申请之日。

第 22 章 其他规定

第 89 条 费 用

（1）针对专利授予和专利申请，以及本条例项下与专利有关的其他事项，应向专利局缴纳联邦政府规定的费用。

（2）根据本条例或者规则应缴纳费用的任何程序，除非已经缴纳费用，否则应无效。

第 90 条 关于公告说明书等的限制

在符合第 7 章规定的情况下，专利申请以及据此提交的任何说明书，除经申请人同意外，不得在官方公报公告受理申请之日前的任何时间由专利局局长公布或者供公众查阅。

第 91 条 对审查员报告的保密

根据本条例由审查员向专利局局长提交的报告不得供公众查阅或者由专利局局长公布，并且该等报告不应在任何司法程序中予以出示或者接受查阅，但法院证明该出示或查阅是司法利益需要的并且应当被允许的除外。

第 92 条 专利发明的公布

专利局局长应当定期发行包含联邦政府所指示的涉及发明专利信息的出版物。

第 93 条 专利局局长要求专利权人提交信息的权力

（1）在专利持续期间的任何时间，专利局局长可以经书面通知要求专利权人或被许可人（独占或其他）自通知之日起 2 个月内或者专利局局长允许延长的期间内向其提交通知中规定的信息或通知中规定的针对专利发明在巴基斯坦商业实践的定期说明。

（2）在不损害第（1）款规定的情况下，任何专利权人和任何被许可人（独占或其他）应当按照规定的方式和形式在规定的不少于 6 个月的时间间隔期间提交有关该专利发明在巴基斯坦商业化实施的说明。

（3）专利局局长可以按照规定的方式公布其根据第（1）款或第（2）款收到的信息。

第 94 条　登记、文件等的证据

（1）专利局局长针对其根据本条例或者任何规则授权作出或者实施的任何记录、事项或事情的证书，应当作为该记录已经作出、记录之内容、已经实施或因疏忽而未实施之事项或事情的初步证据。

（2）专利局保存的任何登记簿中的任何记载的副本或任何文件的副本，或者任何专利副本，或者任何该登记簿或文件摘录的副本，声称经专利局局长认证并以专利局印章盖印的，应当在所有法院以及在所有程序中采纳为证据而无须进一步证明或出示原件。

（3）专利局局长或专利局的任何其他官员，在其不是当事人的任何法律诉讼中，不得被强制出示其保管的登记簿或任何其他文件，其内容可通过出示根据本条例签发的经认证的副本证明，也不得被强制作为证人出庭以证明记录在其中的事项，但法院为特殊原因发出命令的除外。

第 95 条　未成年人和精神病人的陈述等

（1）未成年人、精神病人或者其他无行为能力人不能根据本条例的要求或者允许而陈述或者行事的，其法定监护人、代理人或者管理人得作此陈述或者依具体情形而作相应陈述，或者以无行为能力人的名义并为其利益而行事；没有法定监护人、代理人或者管理人的，对无行为能力人的财产具有管辖权的法院指定之人得作该等陈述或者行事。

（2）法院得依本条规定，应无行为能力人的法定代理人或者陈述、行事之利害关系人的请求，作出指定。

第 96 条　通知等通过邮寄送达

由或根据本条例要求或者授权发出的任何通知，以及如此授权或者要求提出的或者提交的任何申请书或其他文件，可以通过邮寄的方式发出、提出或者提交。

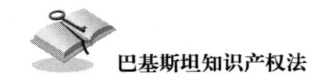

第 97 条　费用的担保

根据本条例发出任何异议通知或者向专利局局长提出授予专利许可的申请的任何一方在巴基斯坦既无居住地也不经营业务的，专利局局长可以要求其为程序的费用提供担保，并且在不提供该担保的情况下可以视为放弃该异议或者该申请。

第 98 条　高等法院或者法院的命令传送给专利局局长

（1）高等法院有关撤销请求书的任何命令，包括授予任何权利要求有效性证书的命令，应当由高等法院传送给专利局局长，专利局局长应当在登记簿中记载该命令并且作出对该命令的提述。

（2）在任何专利侵权诉讼中或者在第 60 条项下的任何诉讼中，任何权利要求或说明书的有效性受到质疑，并且法院认定该权利要求是有效的或者无效的，法院应当将其判决和裁决的副本传送给专利局局长，专利局局长一经收到应当按照规定的方式在补充记录中作出与该诉讼相关的记载。

（3）第（1）款和第（2）款的规定应同样适用于针对该条款中提及的法院判决提起上诉的法院。

第 99 条　说明书等副本的传送及其查阅

按照本条例的规定保存在专利局的所有说明书、附图以及修正的副本能够供公众查阅的，在可获得其印刷副本后，应当尽快传送给联邦政府为此指定的官方机构，并且应当在一切合理的时间在该等官方机构经联邦政府同意指定的地点供任何人查阅。

第 100 条　与专利有关的信息

按照规定的方式向专利局局长提出请求，要求获得与请求中所列任何专利或者任何专利申请相关的规定事项有关的信息的，在支付规定费用后有权获得专利局向其提供的相应信息。

第 101 条　专利的毁损或遗失

专利发生毁损或遗失的，或者其未能用于生产的解释令专利局局长信纳的，根据按照规定的方式提交的申请并支付规定费用后，专利局局长可以在任何时间对其副本进行盖印并送达申请人。

第 102 条　已废除

第 103 条　联邦政府出售或者使用没收物品的权利

本条例中任何规定均不得影响联邦政府或者直接或间接从联邦政府取得权利的任何人出售或使用根据现行任何有效法律没收的物品。

第 104 条　高等法院制定规则的权力

高等法院可以就其根据本条例受理的所有诉讼的进行和程序制定符合本条例的规则。

第 105 条　联邦政府制定规则的权力

（1）通过在官方公报上通知的方式，联邦政府可以为本条例制定规则。

（2）特别地并且在不损害前述权力一般性原则的前提下，可以为下列所有事项或者下列任意事项制定规则：

（ⅰ）向专利局提交任何专利申请书、任何说明书或者附图以及任何其他申请书或文件的形式和方式；

（ⅱ）根据本条例完成任何行为或者事情的时间期限，包括根据本条例任何事项公布的方式和时间期限；

（ⅲ）根据本条例应支付的费用以及该等费用的支付方式；

（ⅳ）审查员向专利局局长作出报告涉及的事项；

（ⅴ）请求专利盖印的形式；

（ⅵ）根据本条例发出任何通知的形式和方式以及时间期限；

（ⅶ）为保护在专利停止有效之后利用该专利客体的人而在恢复专利命令中添加的规定；

（ⅷ）登记簿的维持以及登记在其中的事项；

（ⅸ）登记簿和任何其他文件根据本条例供公众查阅的时间和方式；

（ⅹ）出于第 68 条之目的科学顾问的资质和科学顾问名册的准备；

（ⅺ）政府收购发明的任何补偿的支付方式；

（ⅻ）专利代理人登记簿维护的方式，以及与专利代理人执业和行为相关的事项；

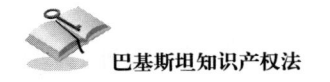

(ⅹⅲ）制作、印刷、出版和销售索引的管理，在专利局的说明书和其他文件的节录本的管理，索引和节录本以及其他文件查阅的管理；

（ⅹⅳ）建立知识产权用尽制度的方式；

（ⅹⅴ）与第 7 条第（4）款提及的发明有关的详细内容；

（ⅹⅵ）发明披露的方式包括实施该发明的最佳方式，可允许的权利要求的形式和限制，以及在涉及微生物的发明中，出于实验目的的涉及权利要求范围的培养物的提交方式和要求以及授予该等专利的程序；

（ⅹⅶ）确定强制许可报酬的程序和标准以及强制许可协议的条款和条件，尤其包括不会对竞争产生不利影响或者不会给本国的研究和发展造成阻碍，或者不得迫使被许可人转让由其改进的技术给许可人或者不得强迫被许可人获取其不需要或不想得到的技术或资源的条款和条件；及

（ⅹⅷ）提交申请的形式和授予独占市场销售权的方式。

（3）根据本条制定规则的权力应当受制于在先发表后制定规则的条件。

第 106 条 废除和保留

（1）特此废除 1911 年专利与外观设计法（1911 年第 2 号）。

（2）尽管 1911 年专利与外观设计法（1911 年第 2 号）已废除，但是根据该法授予专利的维持费应当根据该法确定。

（3）除第（2）款另有规定的，本条例的规定应适用于在本条例开始生效时的任何专利未决申请和据此产生的随后程序，以及据此授予的任何专利。

（4）尽管本条例有任何其他规定，但是在本条例开始生效时在任何法院未决的任何专利侵权诉讼或者任何专利撤销程序，可以根据 1911 年专利与外观设计法（1911 年第 2 号）继续进行和处理，犹如本条例尚未生效一样。

第 107 条 善意作出的行为

不得针对根据本条例或据此制定的规则行使任何权力或履行任何职责的任何政府雇员或者任何人善意地作出任何行为或任何事情提起诉讼、检控或任何其他的法律程序。

第 108 条 排除困难

在实施本条例过程中出现任何困难的，联邦政府可以通过在官方公报上通知的方式制定其认为对排除该困难合适的规定。

注册外观设计条例

·2000 年第 45 号条例·

注册外观设计条例*

巴基斯坦法律、司法、人权和国会事务部；
(法律、司法和人权部门)；
伊斯兰堡，2000 年 9 月 7 日；
编号 F.2（1）/2000 – Pub。
由总统颁布的条例公布如下，以供公众知悉：
鉴于废除和重订有关保护工业设计的法律以及与此相关的辅助事项或有关事项是必要的；
鉴于国民议会和参议院根据 1999 年 10 月 14 日的紧急状态公告和 1999 年第 1 号临时宪法令已暂停运作；
鉴于总统信纳存在有必要立即采取行动的情况；
故此，根据 1999 年 10 月 14 日的紧急情况公告和 1999 年第 1 号临时宪法令，参照 1999 年第 9 号临时宪法（修正案）令，巴基斯坦总统行使一切为此赋予总统的权利，遂制定并颁布下列条例。

第 1 章 序 言

第 1 条 简称、效力范围和生效日期
（1）本条例可称为 2000 年注册外观设计条例。
（2）本条例适用于巴基斯坦全境。
（3）本条例立即生效。

第 2 条 定 义
在本条例中，除与主题或者上下文相抵触：

---

* 本译文根据巴基斯坦知识产权组织官网发布的巴基斯坦注册外观设计条例英语版本翻译。——译者注

（a）物品，指任何制造物品，并且如果单独制造并出售则包括物品的任何部分；

（b）受让人包括已故受让人的法定代表人，凡提及任何人的受让人，均包括该人的法定代表人或其受让人；

（c）公约国，指根据第9条宣布为公约国的国家；

（d）外观设计注册，指防止第三方将外观设计应用于物品，并防止制造、进口、销售、租赁或许诺销售、租赁任何已经注册外观设计的物品的权利，该物品系指已应用已注册外观设计或与已注册设计无实质区别的外观设计的物品，以及防止第三方制造任何使上述物品得以制造的物品的权利，但经注册所有人许可或书面同意的除外；

（e）外观设计，指通过任何工业过程或方法应用于物品的形状、构造、图案或装饰的特征，这些特征在成品物品中能引人注意，且仅通过眼睛判断，但不包括构造方法或原理，也不包括仅由技术和功能因素决定的形状或构造特征；

（f）专利局，指根据第4条设立或视为设立的专利局；

（g）规定，指根据规则规定的内容；

（h）外观设计的所有人或创作者指：

（i）当外观设计的作者或创作者有偿为他人完成工作时，是指该外观设计是为其完成的人；

（ii）当外观设计或将外观设计应用于物品的权利，不论是通过转让、转移或法律处理，单独或与原所有人共同归属于原所有人以外的任何人时，就该外观设计或权利而言，以及在该外观设计或权利如此归属的范围内，是指该其他人，或指原所有人和该其他人（视情况而定）；

（iii）如果2个或2个以上的人相互独立地创造了相同的外观设计，申请日期最早的人，如果要求优先权则是要求有效优先权日期最早的人，应享有工业品外观设计的注册权，只要上述申请未被撤回、放弃或驳回；及

（iv）在任何其他情况下，外观设计的作者或创作者，可转让或可通过继承转让；

（i）注册簿，指依照第16条保存的外观设计注册簿；

（j）注册所有人或代理人，就某一外观设计而言，指当时作为该外观设计的所有人而记入外观设计注册簿的人；

（k）注册官，指根据2000年专利条例第3条任命的专利和外观设计局

局长；

（l）规则，指根据本条例制定的规则；及

（m）成套物品，指通常出售或意图一起使用的若干具有相同一般特征的物品，每套物品均使用相同的外观设计，或使用虽经修改或变动但不足以改变其特征或不实质性影响其特性的相同外观设计；且

（ⅰ）就已就注册外观设计的物品而言，本条例凡提及该物品之处，需解释为提及该组物品中的任何物品；及

（ⅱ）根据本条例而产生的某数项物品是否构成成套物品的问题，须由注册官决定；尽管本条例另有规定，但是注册官根据本款所作的决定即为最终决定。

第2章　可注册外观设计及注册程序

第3条　可注册外观设计

（1）根据自称为所有人的人提出的申请，外观设计可根据本条例就该申请所指明的任何物品或成套物品注册。

（2）在不违反本条例规定的情况下，外观设计除非是新颖的或独创的，否则不得注册；尤其是，如果外观设计与在申请注册日期之前已在巴基斯坦注册或在世界任何地方公布的关于同一或任何其他物品的外观设计相同，或与该外观设计仅在不重要的细节上或在贸易中常用的变体特征上不同，则不得就该物品进行注册。

解释：如果外观设计与已知的外观设计或外观设计特征的组合没有明显区别，则不属于新颖或独创。

（3）就新颖性而言，工业品外观设计向公众的任何披露，如发生在申请提交日或优先权日（如适用）之前的12个月内，并且是由于申请人或其所有权前任所实施的行为或第三人对申请人或其所有权前任的滥用行为的原因或后果，则不予考虑。

（4）联邦政府可制定规则，规定将违反公共秩序或道德的外观设计排除在根据本条例进行的注册之外。

第4条　专利局的设立

在根据本条设立专利局之前，根据1911年专利与外观设计法（1911年第11号）运作的专利局应继续运作，并应被视为已根据本条例设立。

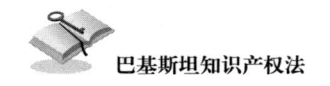

第5条 注册程序

（1）外观设计的注册申请应符合规定的格式，并应以规定的方式提交专利局。

（2）为决定外观设计是否新颖或独创，注册官可以进行他认为适当的调查（如有）。

（3）注册官可以拒绝任何外观设计的注册申请，或在作出他认为适当的修改（如有）后，依据该申请注册外观设计。

（4）任何申请如因申请人方面的任何失责或疏忽而未能在规定的时间内完成，以致无法使注册生效，则该申请应视为被放弃。

（5）除本条例另有明文规定外，外观设计一经注册，其注册日期即为该申请注册的日期，或注册官在任何具体情况下指示的其他日期，不论该日期是早于还是晚于申请注册的日期；

但对于在根据本条例发出外观设计注册证书之日前的侵权行为，不得提起法律程序。

（6）对注册官根据第（3）款作出的任何决定，可向高等法院提出上诉。

第6条 就其他物品注册同一外观设计等

（1）凡就任何物品注册的外观设计的注册所有人提出下列申请：

（a）就该注册外观设计的一件或多件其他物品申请注册；或

（b）就同一物品或者一件或多件其他物品，申请注册由注册外观设计组成，但作了不足以改变其特征或实质上影响其识别性的修改或变化的外观设计；

该申请不得被拒绝，根据该申请所作的注册不得仅因该注册外观设计在先注册或公布而无效；

但凭借本条注册的外观设计的注册期不得超过原注册外观设计的原注册期和延长注册期的届满时间。

（2）凡任何人就任何物品提出外观设计的注册申请，且：

（a）该外观设计先前已由他人就其他物品注册；或

（b）与该申请有关的外观设计由他人先前就同一物品或其他物品注册的外观设计组成，并作了不足以改变其特征或实质上影响其识别性的修改或变化，如果在申请待决期间的任何时候，申请人成为先前注册的外观设计的注册所有人，则本条的上述规定即适用，如同申请人在提出申请时是该外观设计的注册所有人一样。

第3章 注册的效力等

第7条 外观设计的注册

（1）根据本条例注册的外观设计，给予其注册所有人自注册之日起10年的注册。

（2）注册外观设计的所有人有权禁止未经其同意的第三人出于商业目的而作出的制造、销售或使用承载或体现某项外观设计的物品，而该项外观设计是注册外观设计的复制品。

（3）如在原注册期限或第二个注册期限届满前（视情况而定）以规定的格式提出延长第二个或第三个注册期限的申请，并在有关期限届满前缴纳了规定的费用，则注册官应将注册期限延长至原期限届满之日起第二个10年，以及第二个10年届满之日起第三个10年。

（4）已注册工业品外观设计的所有人可通过向注册官提交书面声明的方式放弃该外观设计，注册官应将该放弃登记在注册簿中并予以公布。该放弃应在登记之日起生效。

第8条 侵 权

（1）任何人侵犯注册所有人权利的，注册所有人可对该人提起诉讼，要求给予损害赔偿和颁发禁止继续侵权的禁令；

但就颁发临时禁令而言，注册所有人必须有初步证据、其外观设计有效，并已被被告侵害。

（2）法院在根据本条例提出的诉讼中作出判决时，应将判决副本送交注册官，而注册官应将判决副本登记在注册簿。

第9条 免除无辜侵权人的损害赔偿责任

在侵犯注册外观设计权的诉讼中，被告如能证明在侵权之日他不知道也没有合理的理由假定该外观设计已经注册，则不应给予损害赔偿；任何人不得仅因在物品上标有"注册"字样或其任何缩写，或标有明示或暗示应用于

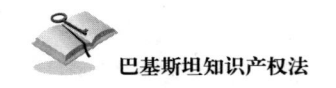

该物品的外观设计已被注册的任何词句,而被视为已经知道或有合理的理由假定,除非该外观设计的编号与有关文字或缩写同时出现。

但本条的规定不影响法院在任何侵犯注册外观设计版权的诉讼中颁发禁止令的权力。

第 10 条 取消注册

(1) 任何有利害关系的人均可在外观设计注册后的任何时候,向高等法院提出申请,或在外观设计注册后的 2 年内,向注册官提出申请,以下列理由要求取消外观设计的注册:

(a) 该工业品外观设计因不符合本条例规定的具体实质性要求而不应注册;

(b) 该工业品外观设计违反公共秩序或道德;或

(c) 以其姓名注册工业品外观设计的人对该外观设计并无权利。

(2) 对注册官根据第(1)款作出的任何命令可向高等法院提出上诉,注册官可以随时将任何此类申请提交高等法院,高等法院应对该提交的任何申请作出裁决。

第 4 章 国际安排

第 11 条 关于公约国的通知

联邦政府可在官方公报上发布通知,宣布除世界贸易组织成员外,通知中指明的任何国家为本条例所指的公约国。

第 12 条 已在公约国申请保护的外观设计的注册

(1) 已在公约国申请保护的外观设计的注册申请,可由提出保护申请的人或其法定代表人或受让人按照本条例的规定提出;

但自在公约国家提出保护申请之日起满 6 个月后,或者如已提出一项以上的保护申请,则自第一项申请之日起满 6 个月后,不得根据本条提出申请。

(2) 根据本条规定提出的申请而注册的外观设计,应自该公约国提出保护申请之日起注册,如果已提出一项以上的保护申请,则自第一项申请之日起注册;

但在根据本条例发出该外观设计的注册证书之日前,不得就任何侵权行为进行法律程序。

（3）申请人在申请期间可以随时撤回申请。

（4）根据本条提出的外观设计注册申请，不得仅因在第（1）款但书规定的可提出注册申请的期限内在巴基斯坦注册或公布了该外观设计而被拒绝，该外观设计的注册也不得因此而无效。

第5章 外观设计注册簿等

第13条 外观设计注册簿

（1）专利局应备存一份外观设计注册簿，由注册官管理，注册簿上应记载已注册外观设计所有人的姓名和地址、转让通知书和转移通知书，以及其他规定的或注册官认为合适的事项。

（2）除本条例和规则另有规定外，注册簿应在一切方便的时候开放供公众查阅，并应向提出要求并缴纳规定费用的人提供注册簿内任何记项的核证副本，并加盖专利局印章。

（3）注册簿应作为根据本条例规定或授权记入注册簿的任何事项的初步证据。

（4）任何信托通知，不论是明示的、默示的或推定的，均不得记入注册簿。

（5）专利局应在官方公报上公布本条例规定的所有出版物。

第14条 注册证书

（1）在外观设计注册时，注册官应按照规定格式向外观设计的注册所有人发出注册证书。

（2）注册官如信纳注册证书已遗失或损毁，或在其认为适当的任何其他情况下，可提供该证书的一份或多份副本。

第15条 转让登记等

（1）任何人因转让、转移或因法律处理而对注册外观设计或对注册外观设计的份额享有权利，或作为抵押权人、被许可人或其他方式而对注册外观设计的任何其他权益享有权利，则应按照规定的方式向注册官申请，将其作为所有人或共同所有人的权益或者其权益通知（视情况而定）登记在注册

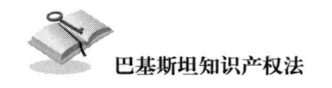

簿中。

（2）在不影响第（1）款规定的情况下，任何人因转让注册外观设计或注册外观设计的份额而享有权益，或因抵押、许可或其他文书而有权获得注册外观设计的任何其他权益的，其注册权益登记申请可由该文书的转让人、抵押人、许可人或其他方（视情况而定）以规定的方式提出。

（3）凡有人根据第（1）款或第（2）款提出申请，要求将任何人的权益登记的，注册官应基于其信纳的证据：

（a）如该人有权享有某项注册外观设计或在该注册外观设计中享有份额，则应将该人登记为该外观设计的所有人或共同所有人，并在该注册簿中记录其据以取得权益的文书或事件的详情；或

（b）如该人有权在已注册的外观设计中享有任何其他权益，则应在其注册通知书内记录该文书的详情。如果有该文书。

（4）在不违反已在注册簿中登记通知的任何其他人所享有的任何权益的情况下，注册为注册外观设计所有人的一人或多人有权转让、授予有关该外观设计的许可或以其他方式处理该外观设计，并有权就任何此种转让、许可或处理的任何对价开具有效收据。

与外观设计有关的任何权益可以与任何其他动产相同的方式强制执行。

（5）除为申请更正注册簿外，对未根据第（3）款在注册簿内登记的文件，任何法院不得接纳作为任何人对注册外观设计的所有权或在注册外观设计中享有的份额或权益的证据，除非法院另有指示。

第16条 注册簿的更正

（1）高等法院可应任何申诉人的申请，命令对注册簿进行更正，在注册簿中增加任何记项或更改或删除任何记项。

（2）在根据本条进行的诉讼中，高等法院可就与更正注册簿有关的任何必要或适宜的问题作出裁决。

（3）根据本条向高等法院提出的任何申请的通知，应以规定的方式发给注册官，注册官有权就该申请出庭和陈述，并在法院指示时出庭。

（4）高等法院根据本条作出的任何命令应指示以规定的方式将命令通知送达注册官，注册官在收到通知后应相应地更正注册簿。

第 17 条　更正文书错误的权力

（1）注册官可根据本条的规定，更正外观设计注册申请或表达中的任何错误或注册簿中的任何错误。

（2）更正可在任何利害关系人提出书面要求并缴纳规定费用的情况下，根据本条作出。

（3）注册官拟根据第（1）款和第（2）款作出任何上述更正的，除非是依据第（2）款提出的要求，否则注册官须向注册所有人或外观设计注册申请人（视情况而定）及注册官认为有关的任何其他人发出通知，并应在作出更正前给予他们陈述机会。

第 18 条　已注册外观设计的查阅

（1）除本条例及规则另有规定外，根据本条例注册的外观设计的表达或样本，在注册证明书发出当日及之后，可在专利局公开以供查阅。

（2）就为施行本款而规定的任何类别的物品而注册的外观设计而言，在注册证书发出之日后，就该类别的物品所规定的期间届满之前，任何依据该申请而提交的外观设计的表达或样本，均不得在专利局开放供人查阅，但注册所有人、获注册所有人书面授权的人或者获得注册官或法庭授权的人除外；

但如注册官以任何其他外观设计与第一个提及的外观设计相同或仅在不重要的细节上或在贸易中常用的变体特征上与第一个提及的外观设计不同为由而建议拒绝该外观设计的注册申请，则该申请人有权查阅第一个提及的为申请外观设计注册而提交的外观设计的表达或样本。

（3）对于因第（2）款目的而规定的任何类别的任何物品所注册的外观设计，在上述规定的期限内，该外观设计的表达或样本不得由任何人根据本条进行查阅，但在注册官或在其领导下行事的官员在场的情况下除外；而且，除非是该款但书授权的查阅，否则进行查阅的人无权带走该外观设计的表达或样本或其任何部分的副本。

（4）外观设计的注册申请已被放弃或拒绝的，该注册申请或根据该申请提交的外观设计的任何表达或样本在任何时候均不得在专利局供人查阅，也不得由注册官公布。

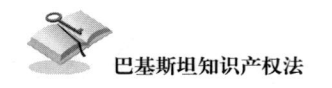

第 19 条 关于注册存在的信息

任何人在提供可使注册官识别外观设计的信息的请求下，并在缴纳规定的费用后，注册官应告知他该外观设计是否已注册，如果已注册，是关于哪些物品的，以及是否已批准延长注册期限，并应说明注册日期以及注册所有人的姓名和地址。

第 20 条 记项、文件等证据

（1）一份宣称由注册官签署的，并证明其获得本条例授权或根据本条例授权所作出的任何记项已经或尚未作出，或证明其获得如此授权所作出的任何其他事情已经或尚未作出的证明书，即为经如此核证的事项的初步证据。

（2）注册簿上的任何记项或专利局保存的任何表达、样本或文件的副本，或注册簿或任何此类文件的摘录，如经注册官证明并加盖专利局印章，均可作为证据，而无须进一步证明，也无须出示原件。

第 6 章 法律程序的补充规定

第 21 条 有争议的注册有效性证明

（1）如果在法院的任何诉讼中对外观设计注册的有效性提出异议，并且法院认定该外观设计已有效注册，则法院可以证明在这些诉讼中对该外观设计注册的有效性提出了异议。

（2）如已颁发此种证明，则在法院就已注册外观设计的版权侵权或在高等法院撤销该外观设计的任何后续诉讼中，作出或给出有利于注册所有人的最终命令或判决时，除非法院另有指示，否则注册所有人应有权获得全部费用；

但本条不适用于在第（2）款所提及的任何法律程序中向高等法院提出上诉的费用。

第 22 条 对缺乏根据的侵权诉讼威胁的救济

（1）对已注册的外观设计或外观设计的注册申请有权利或有利害关系的任何人，通过通告、广告或其他方式以提起侵犯注册外观设计的诉讼威胁任何其他人，任何因此受到侵害的人均可对其提起诉讼，要求第（2）款规定的任何救济。

（2）除非在根据第（1）款提起的任何诉讼中，被告证明被威胁提起诉讼的行为构成或如果作出该行为将构成对已注册外观设计的侵犯，而原告并未证明其注册无效，否则原告应有权获得下列救济：

（a）声明有关威胁是不合理的；

（b）禁止继续进行威胁的禁令；及

（c）他因此而遭受的损害赔偿（如有的话）。

（3）为免生疑问，兹声明，仅仅通知某项外观设计已注册并不构成本条意义上的诉讼威胁。

第 7 章　注册官的权力和职责

第 23 条　注册官的自由裁量权

在不损害本条例要求注册官听取根据本条例进行的法律程序的任何一方的意见，或给予任何该等当事人发表陈述的机会之规定的情况下，注册官应在不利性地行使由本条例或根据本条例赋予注册官的自由裁量权之前，给予任何外观设计注册申请人陈述的机会。

第 24 条　费用及费用担保

（1）注册官在根据本条例进行的任何法律程序中，可命令判给任何一方他认为合理的费用，并指示如何及由哪一方支付费用，而任何该等费用均可作为拖欠的土地收入追讨。

（2）向注册官提出撤销外观设计注册或就已注册的外观设计提出许可申请的任何一方，或对注册官根据本条例作出的任何决定提出上诉的任何一方，既不在巴基斯坦居住，也不在巴基斯坦经营业务。注册官，或在上诉的情况下的高等法院，可要求他就诉讼程序或上诉的费用（视情况而定）提供担保，如未提供担保，则可将该申请或上诉视为放弃。

第 25 条　注册官面前的证据

（1）根据本条例在注册官席前的任何法律程序中提供的证据，可以宣誓书或以规定的方式提供，但注册官如认为适合于任何个案，可以口头证据代替或补充上述证据，并可允许任何证人就其宣誓书接受盘问。

（2）注册官在对宣誓证人的审查以及文件的披露和出示方面，应具有民

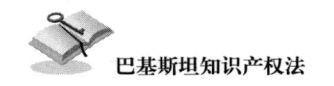

事法院的一切权力，适用于在民事法院进行的诉讼中证人出庭的规定应适用于在注册官席前程序中证人的出席。

第26条 注册官拒绝与某些代理人接洽的权力

对于根据2000年专利条例无权在专利与外观设计局局长面前以专利代理人身份执业的代理人，注册官可拒绝承认其在本条例下的任何业务。

第8章 犯罪和处罚

第27条 犯罪和处罚

如果任何人不遵守根据第7条发出的任何指示，或在违反该条规定的情况下提出或导致提出外观设计注册申请，则应处以2年以下监禁，或2万卢比以下罚款，或两者并罚。

第28条 篡改注册簿等

如果任何人明知注册簿中的记项或文字是虚假的，却在注册簿中作出或导致作出虚假的记项，或撰写虚假的声称是登记簿记项副本的文字，或出示或提交或导致出示或提交任何此类文字作为证据，则应处以2年以下监禁，或2万卢比以下罚款，或两者并罚。

第29条 谎称外观设计已注册

（1）任何人如谎称其出售的任何物品上所应用的外观设计已就该物品注册，则应处以最高可达1000卢比的罚款。

（2）就第（1）款而言，任何人如出售的物品上印有、刻有或留下或以其他方式应用了"注册"字样，或任何其他表达或暗示应用于该物品上的外观设计已注册的字样，则应被视为表示应用于该物品上的外观设计已就该物品注册。

（3）任何人在注册外观设计的注册期满后，在已应用该外观设计的任何物品上标注"注册"字样或任何表示或暗示该外观设计已注册的字样，或导致任何此类物品被如此标注的，应处以最高可达200卢比的罚款。

第30条 公司犯罪

法人团体犯下本条例规定的罪行的，在罪行发生时身为该法人团体的董事、总经理、秘书或其他类似人员，或其本意是以任何此类身份行事的人，均应被视为犯有该罪行，除非其能证明该罪行是在没有得到其同意或纵容的情况下犯下的，而且其已尽了在考虑到其作为该身份的职能的性质和所有情况下其本应尽的一切努力，以防止该罪行的发生。

第9章 其他规定

第31条 制定规则的权力

（1）联邦政府可通过在官方公报上发布公告，制定实施本条例宗旨的规则。

（2）在不影响上述权力的一般性的前提下，这些规则尤其就下列情况作出规定：

（a）规定外观设计注册申请的格式以及可以向专利局提交的任何外观设计的表达、样本或其他文件的格式，并规定要求提供任何此类表达、样本或文件的副本；

（b）对向注册官提出的任何申请或请求或在注册官席前进行的任何程序应遵循的程序作出规定，并授权纠正程序中的不规范之处；

（c）规定注册簿的备存；

（d）授权在专利局公布和销售外观设计的表达和其他文件的副本；及

（e）必须规定或可以规定的任何其他事项。

（3）根据本条制定规则的权力须符合下述条件，即该规则须在事先公布后制定。

第32条 费 用

（1）对于外观设计的注册和因此而提出的申请，以及对于根据本条例与外观设计有关的其他事项，均应缴纳规定的费用。

（2）根据本条例或根据本条例制定的规则应缴费的法律程序，除非已缴费，否则无效。

第33条 以邮递方式送达通知等

本条例规定或根据本条例授权发出的任何通知，以及如此授权或规定发出或存档的任何申请或其他文件，均可以邮寄或专人方式送达、发出或存档。

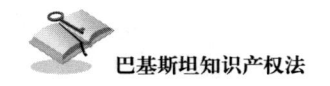

第 34 条　保留——本条例所载的任何条文

（a）不得解释为授权或要求注册官注册其认为使用会违反公共政策或道德的外观设计；及

（b）不得影响联邦政府或任何直接或间接来自联邦政府的人出售或使用根据与海关或货物税有关的法律没收的物品的权利。

第 35 条　联邦政府的指示

注册官在行使权力和履行职责时，在政策问题上应以联邦政府不时向其发出的指示（如有）为指导，联邦政府是判断某一问题是否属于政策问题的唯一依据。

第 36 条　废　　除

1911 年专利与外观设计法（1911 年第 11 号）第 2 条第（5）款以及第 43 条、第 44 条、第 45 条、第 46 条、第 47 条、第 48 条、第 49 条、第 50 条、第 51A 条、第 SIB 条、第 52 条、第 53 条和第 54 条特此废除。

商标法

商标法[*]

（巴基斯坦政府特别公报
2023年8月16日，星期五，伊斯兰堡）

第1部分

法令、条例、总统令和规章；

参议院秘书处；

伊斯兰堡，2023年8月15日；

编号F.9（17）/2023 – Legis。

巴基斯坦议会通过并于2023年8月11日获得总统批准的法案公布如下，以供公众知悉：

2023年第58号法案本法旨在修订2001年商标条例；

鉴于有必要修订2001年商标条例（2001年第19号），以下述方式和目的，特此制定。

第1章 序　　言

第1条　简称和生效日期

（1）本法可称为2023年商标条例。

（2）本条立即生效。

---

[*] 本译文根据巴基斯坦知识产权组织官网发布的巴基斯坦商标法英语版本翻译。——译者注

第 2 条[*] 定　义

在本条例[*]中，除非在主题或上下文中有抵触之处，否则：

（ⅰ）法，指 2012 年巴基斯坦知识产权组织法（2012 年第 22 号）；

（ⅰa）行政区域，指本条例所分配业务的特定区域；

（ⅰb）广告，指为了促进商品或服务的提供所作出的与贸易、商业或行业有关的任何形式的陈述；

（ⅱ）转让，就商标而言，指当事人以书面形式进行的转让；

（ⅲ）授权使用人，指在商标权人的控制下被授权使用与商品或服务有关的商标的人，包括被许可人；

（ⅳ）证明商标，指第 83 条第（1）款所定义的证明商标；

（ⅴ）集体商标，指第 82 条第（1）款所定义的集体商标；

（ⅵ）比较广告，指明示或暗示显示竞争对手或竞争对手提供的商品或服务的广告；

（ⅶ）公约申请，指第 25 条第（1）款所定义的申请；

（ⅷ）公约国，指第 85 条（b）项所定义的公约国；

（ⅸ）假冒商标商品，指包装上的商标未经许可与该商品有效注册商标相同或者欺骗性相似，从而侵犯商标权人根据本条例所享有的权利的任何商品；

（ⅹ）提交日期：

　　（a）就商标注册申请而言，指根据第 23 条第（1）款提出申请的日期；或

　　（b）就商标注册分案申请而言，指第 32 条第（1）款所指的首次申请的提交之日；或

　　（c）就在展览期间提供临时保护的申请而言，指第 26 条第（1）款所指的日期；或

　　（d）就公约申请而言，指第 25 条第（2）款（a）项所指的

---

[*] 关于巴基斯坦商标法的简称，2001 年的版本称为"条例"（ordinance），2023 年修订后称为"法"（act），但 2023 年的修订并未修订全部相关表述，除了极少数条款使用"法"（act）指巴基斯坦商标法，大多数条款中仍使用"条例"（ordinance）这一术语指代巴基斯坦商标法（可能是因为"act"在巴基斯坦商标法中特指 2012 年巴基斯坦知识产权组织法）。译者在翻译中，采用忠实于原文表述的原则处理。此外，译者在翻译巴基斯坦商标法第 2 条时发现，该条项下部分序号的格式与全书其他条款项的格式区别较大，为遵从原文，用缩进形式解释其层级问题，特此说明。——译者注

日期；

（xi）注册日期，就特定商品或服务的商标注册而言，指特定商品或服务的商标注册根据第 33 条第（3）款开始生效的日期；

（xii）欺骗性相似，就商标而言，指该商标与另一商标相似，以致可能欺骗或引起混淆；

（xiii）淡化，指降低驰名商标识别和区分商品或服务的能力，不论驰名商标所有人和其他方之间是否存在竞争及混淆或欺骗的可能性；

（xiv）地区法院，指具有 1908 年民事诉讼法（1908 年第 5 号）所定义的含义；

（xv）分案申请，指第 32 条第（1）款所定义的分案申请；

（xvi）域名，指第 84 条第（1）款所定义的域名；

（xvii）在先商标，指第 18 条第（1）款所定义的在先商标；

（xviii）虚假商品说明，指：

　　（a）对其所适用的商品或服务的实质性方面不真实或具有误导性的说明；

　　（b）不论以附加、清除还是其他方式更改，在实质方面仍不真实或有误导性的有关商品或服务说明的任何改变；

　　（c）适用于下列的任何标记、排列或其组合：

　　　　（i）在商品上使用，可能导致人们相信由他人而非真实的制造或销售商所制造或销售；或

　　　　（ii）就服务而言，可能使人相信该服务是由他人而不是真实的提供者所提供；

　　（d）构成声明的，应适用于商品或服务的任何虚假姓名或其缩写，如果该姓名或其缩写：

　　　　（i）不是商标或商标的一部分；

　　　　（ii）未取得经营具有同一种类的商品或服务的人授权而与该人的姓名或其缩写相同或欺骗性相似；

　　　　（iii）是虚构之人的或者是不真实地从事与此类商品或服务有关的业务的人的姓名或其缩写；而且，商品说明是商标或商标的一部分这一事实也不妨碍该商品说明构成本条例所指的虚假商品说明；

　　（e）任何与商品或服务有关的人的虚假姓名、姓名缩写或描

述，如果暗示出于商品或服务之目的而认证或保证其性质或适用性的；

（xix）地理标志，应与 2020 年地理标志（登记与保护）法（2020 年第 18 号）中所规定的含义相同；

（xx）商品，指任何可进行贸易、商业或生产的物品；

（xxa）知识产权裁决机构，指根据 2012 年巴基斯坦知识产权组织法第 16 条成立的裁决机构；

（xxb）国际申请，指根据《马德里议定书》的国际商标注册申请；

（xxi）公告，指由注册官授权公布的商标公告；

（xxii）被许可人，指通过交易使用注册商标的人；

（xxiii）限制，指对商标权人通过注册所取得之商标的专有使用权的任何限制，包括对使用方式的限制，对在巴基斯坦境内出售或以其他方式交易的商品或服务上使用的限制，或在出口到任何巴基斯坦境外市场的商品或服务上使用的限制；

（xxiiia）《马德里议定书》，指第 92B 条所定义的议定书；

（xxiv）标记，指主要包括装置、品牌、标题、标签、票证、包括人名在内的名称、签名、单词、字母、数字、象征性元素、颜色、声音或其组合；

（xxv）误导性广告，指以任何方式（包括其呈现方式）欺骗或可能欺骗其所针对或可及之人，并且由于其具有欺骗性而可能影响他们的行为，或由于该等原因损害或可能损害竞争对手的任何广告；

（xxvi）名称，指包括名称的任何缩写；

（xxvii）通知，指在公告中进行通知；

（xxviia）组织，指根据 2012 年巴基斯坦知识产权组织法第 3 条成立的巴基斯坦知识产权组织；

（xxviii）异议人，就商标注册而言，指根据第 28 条第（2）款对商标注册提出异议的人；

（xxix）包装主要包括任何箱子、盒子、罐子、覆盖物、夹子、容器、器皿、匣子、瓶子、封皮、带子、卷轴、边框、小罐、杯子、盖子、塞子和软木塞；

（xxx）巴黎公约，指第 85 条（a）项所定义的《保护工业产权巴黎公约》（以下简称《巴黎公约》）；

（xxxi）许可使用，就商标而言，指被许可人对商标的使用；

（xxxii）前一权利人，就声称是商标权人的人而言，指：

（xxxiia）如果商标在转让或移转给首次被提及之人以前已经转让或移转给一人或多人，则该另一人或多人中的任何人；或

（xxxiib）如果（xxxiia）不适用，则指转让商标的人，或者该商标是从该人移转给首次被提及之人；

（xxxiii）所规定，就在高等法院进行的诉讼而言，指由高等法院制定的规则所规定；在其他情况下，指由根据本条例制定之规则所规定；

（xxxiv）所有人，就注册商标而言，指当时在注册簿内注册为该商标权人的人；

（xxxv）在先权利人，就商标而言，指有权禁止使用商标的人；

（xxxvi）注册簿，指根据第10条第（1）款备存的商标注册簿；

（xxxvii）注册官，指根据第7条任命的商标注册官；

（xxxviii）已注册，指已根据本条例或1940年商标法（1940年第5号）注册；

（xxxix）注册商标，指实际在注册簿上的商标；

（xl）规章，指根据本条例订立的规章；

（xli）附表，指本条例的附表；

（xlii）被扣押商品，指根据第56条扣押的商品；

（xliii）服务，指向用户或潜在用户提供的任何种类的服务，包括提供与任何工业或商业性质的业务有关的服务，包括但不限于银行、零售、含电信在内的通信、教育、法律、金融、保险、合作基金、房地产、交通、储存、材料处理、加工，提供包括电力或其他能源在内的商品，食宿、休闲、文娱、建筑、修理、新闻或信息的传送、广告；

（xliv）近似商品，包括同一种类的商品；

（xlv）近似服务，包括同一种类的服务；

（xlvi）商品说明，指任何直接或间接的说明、陈述或其他指示：

（a）关于任何商品的编号、数量、尺寸、规格或重量；或

（b）关于以行业常用或公认的分类而定的任何商品或服务的质量标准；或

（c）关于用作药品或食品的任何商品在目的、强度、性能或特性方面的适合性；或

（d）关于任何商品或服务制造、生产或提供（视情况而定）的地点（或国家）、时间；或

（e）为其制造商品或提供服务的人员的姓名、地址或其他表明其身份的信息；

（f）关于任何商品的原材料；或

（h）关于是现有专利、特权或版权的客体的任何商品，包括：

（a）就使用根据行业惯例通常被认为是对上述任何事项的指示的标记而作的任何说明；

（b）就报关单或船运单所载进口商品的说明；

（c）对于所有或任何上述事项可能被误解的任何其他说明。

（xlvii）商标，指能以图形方式表示的，可将一个企业的商品或服务与其他企业的商品或服务区分开的任何标记；

（xlviii）商标注册处，指根据第9条设立的商标注册处；

（xlix）商号，指一个人用来表示其商业或电话的名称，包括公司名称；

（l）移转，指通过法律手段进行的，移交给死者的个人代表以及任何其他方式移转，不是书面转让；

（li）裁决机构，指注册官或有关诉讼待其裁决的高等法院或知识产权裁决机构（视情况而定）；

（lii）不正当竞争，指第67条所定义的不正当竞争；

（liii）单词，包括单词的缩写。

第3条 商品和服务存在关联等

（1）在本条例中：

（a）如果以销售或其他方式交易商品，且由同一企业提供服务，且附有商品和服务的说明，则商品和服务应存在关联；

（b）如果商标用于包括二手商品、材料或物品在内的任何商品上，如果商标是在商品、材料或物品上织入、压印、加工、粘贴或附加的，则商标应被视为用于商品上；

（c）如商标以下列方式使用，则该商标即被视为用于商品或服务：

（i）用于在贸易过程中所办理或提供之商品的任何覆盖物、包装、文件、标签、带子、票据、卷轴或物件上；

（ⅱ）以可能导致人们相信其指称、描述或标示该商品或服务的方式；

（ⅲ）用在招牌上或广告中；

（ⅳ）用于发票、清单、目录、商务信函、商务文件、价目表或其他商务文件中。

（2）商标所有人对下列商品或服务实施质量控制的：

（a）在交易过程中由他人处理或提供的商品；且

（b）针对其使用商标的商品或服务。

该他人应被视为在所有人的控制下针对商品或服务使用商标。

（3）他人在交易过程中处理或提供使用商标的商品或服务，且商标所有人对该他人的相关交易活动进行财务控制的，该他人应被视为在所有人的控制下针对商品或服务使用商标。

第 4 条　对商标使用等的提及

在本条例中，除文意另有所指外，凡提及：

（a）使用商标，应包括针对商品或在商品上使用商标；

（b）针对商品使用商标，应包括在商品上使用商标，反之亦然；

（c）注册官，应解释为包括提及任何官员，当其依照第 7 条第（2）款履行注册官的职能时；且

（d）商标注册处，应解释为包括提及任何商标注册处的分支机构。

第 5 条　裁决机构关于商标使用的决定

（1）如果已经认定某人以不影响商标显著性的添加或变更方式使用了商标，裁决机构在考虑到案件情况后，如认为适当，可以决定该人已使用了商标。

解释：为消除疑虑，现澄清，如商标由任何字母、文字、名称或数字的任意组合而组成，为施行本条例，该商标的任何口头表示均为商标的使用。

（2）根据本条例或任何其他现行有效的法律，在巴基斯坦将商标用于将从巴基斯坦出口的商品或服务，以及就在巴基斯坦销售或以其他方式交易的将被出口的商品或服务所做的任何将构成商标使用的其他行为，应被视为构成就这些商品或服务出于任何目的而使用商标，为该目的的使用属于实质性使用。

（3）商标用于商品或服务与标记使用人之间，在贸易存续过程中的任何关联形式，不能仅基于商标已经或将要用于商品或服务以及标记或先前标记

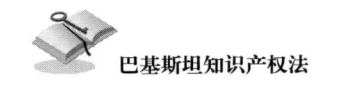

的使用人之间在商业中的之前或目前的贸易存在过程中的不同关联形式，而认定会引起欺骗或混淆。

第6条　不禁止适用其他法律

本条例的规定，是对其他现行有效法律的补充，而非减损。

第2章　注册官、商标注册处和商标注册

第7条　注册官及其他官员的任命

（1）知识产权组织可在官方公报中通过通知以规定方式任命一名官员作为商标注册官。

（2）知识产权组织可任命其他人员，并授予相应职衔，以在注册官的监督和指示下履行注册官根据本条例不时授权履行的职能。

第8条　注册官审查、撤回或移交案件的权力

注册官可以通过书面命令：

（a）审查任何官员的任何职能、事务、案件或决定；或

（b）撤回任何官员或职员的任何职能、事务或案件；

注册官可以亲自处理该等职能、事务或案件，无论是从头开始还是从被撤销的阶段开始；或在任何阶段将该等职能、事务或案件移交给另一官员或工作人员。

第9条　商标注册处及其分支机构

（1）为实施本条例，应设立商标注册处。

根据1940年商标法（1940年第5号）设立的商标注册处，即为就本条例而言的商标注册处。

（2）为了方便商标注册，可以在知识产权组织政策委员会认为合适的地方设立商标注册处的分支机构。

（3）商标注册处应备有印章。

第10条　商标注册簿

（1）为实施本条例，应在商标注册处备存一份名为"商标注册簿"的记

录并在其中记录所有注册商标的详细资料,包括所有人的名称、地址和说明、转让和交易的通知,被许可人的名称、地址和说明,免责声明、条件、限制以及可能规定的与注册商标有关的其他事项,但任何明示、暗示或推定的信托通知均不得记录在注册簿中,注册官也不应收到任何该等通知。

(2)在知识产权组织的监督和指导下,商标注册簿应由注册官控制和管理。

(3)商标注册簿可全部或部分由电脑备存;为实施本条例,为备存商标注册簿而使用电脑作出的任何特定或其他事项的真实记录均构成商标注册簿内的条目。

(4)应在商标注册处的分支机构处备存注册簿的副本以及注册官以商标公告通知所指示的其他文件的副本;

但通过计算机备存全部或部分商标注册簿,且分支机构的人员可以以读取屏幕或打印副本的方式访问计算机终端获取全部或部分商标注册簿详细信息或记录在其中的其他事项的,即符合本款关于在分支机构备存商标注册簿副本的要求。

(5)在规定的条件和限制下,商标注册簿应在任何方便的时间开放给公众查看。

(6)通过计算机备存全部或部分商标注册簿且希望查看全部或部分商标注册簿的人,可以读取屏幕或打印副本的方式访问计算机终端获取全部或部分商标注册簿详细信息或记录在其中的其他事项的,即符合第(5)款的要求。

第10A条 电子文件的有效性

根据本条例,所有文件的电子接收和发出应被视为有效,并可作为证据接受。

第11条 商标注册簿登记内容和注册官所作之事的证据

(1)商标注册簿中任何条目的印刷、书写或计算机生成的副本,表明经由注册官证明并盖有商标注册处印章的,应在巴基斯坦所有高等法院、知识产权裁决机构及所有法律程序中接纳为证据,无须再加以证明或出示正本。

(2)任何证明书,表明是由注册官就其依本条例或规章授权所作任何条目、事项或事情而签署的,即为该条目及其内容已作出,或该事项或事情已作出或未作出的表面证据。

第 12 条　商品和服务的分类

（1）可以根据本条例针对下列内容进行商标注册：

（a）商品；

（b）服务；或

（c）商品和服务；

但上述内容应由按照国际商品和服务分类在规定的商品或服务分类中所包含的内容组成。

（2）关于商品或服务所属类别的任何问题均应由注册官决定，注册官的决定为最终决定。

第 13 条　商品和服务分类字母索引的公布

（1）注册官可以规定的方式发布商品和服务分类的字母索引。

（2）任何商品或服务没有规定在根据第（1）款发布的商品和服务字母索引中的，其分类应由注册官根据第 12 条第（2）款确定。

第 14 条　拒绝注册的绝对理由

（1）下列标志不得作为商标注册：

（a）不符合第 2 条（xlvii）项要求的标记；

（b）没有任何显著特征的商标；

（c）仅由直接表示商品或者服务的种类、质量、数量、预期目的、价值、原产地、商品生产日期或者服务提供日期，以及商品或者服务的其他特征的标志构成的商标；

（d）仅由已成为通用语言的日常用语或诚信和公认的行业惯例的标志或标记组成的商标；

但商标在申请注册之日前已实际上因使用而获得显著特征或者属于驰名商标的，不得根据（b）项、（c）项或（d）项拒绝该商标注册。

（2）标记仅由下列内容构成的，不得将其注册为商标：

（a）由商品自身的性质产生的形状；

（b）获得技术效果所需的商品形状；或

（c）使商品具有实质价值的形状。

（3）任何商标如由任何令人反感的设计组成，或其包含任何令人反感的设计，或存在下列任一情况的，则均不得针对任何商品或服务进行注册：

（a）由于其可能欺骗或引起混乱或其他原因而无权在高等法院获得保护；

（b）无论是就商标本身而言，还是就打算注册的商品或服务而言，可能会损害巴基斯坦任何一类公民的宗教敏感性；或

（c）违反现行有效法律或道德。

（4）出于恶意提出申请的，不得注册商标。

第 15 条　关于颜色的限制

（1）商标可以全部或部分限制为一种或多种指定的颜色，需要决定商标显著性的任何裁决都必须考虑该限制。

（2）只要商标注册不存在颜色限制，即应视为针对所有颜色注册。

第 16 条　禁止使用化合物的名称

（1）任何单一化学元素或有别于混合物的单一化学化合物的常用和公认的名称，或经世界卫生组织宣布并由注册官不时以规定的方式通知为国际非专有名称的词语，不得作为化学物质或制剂的商标注册，而即使第 44 条有任何规定，任何此类注册应就第 98 条而言视为在注册簿中记录的无充分理由的事项，或在注册簿中错误保留的事项。

（2）本条不适用于仅用于表示商标权人或被许可人的品牌或者对化学元素或化合物的制造有别于他人制造的化学元素或化合物，并与供公众使用的适当名称或描述相联系的词语。

第 17 条　拒绝注册的相对理由

（1）商标与在先商标相同，且申请商标注册的商品或服务与在先商标所注册的商品或服务相同的，不予注册商标；

（2）商标因下列原因不予注册：

（a）商标与在先商标相同，且申请商标注册的商品或服务与在先商标所注册的商品或服务近似；或

（b）商标与在先商标近似，且申请商标注册的商品或服务与在先商标所注册的商品或服务相同或近似，且部分公众可能会产生混淆，该混淆包括与在先商标存在联系的可能性。

（3）商标存在下列情况的：

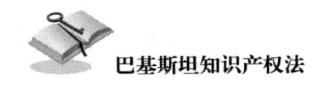

（a）与在先商标相同或近似；及

（b）所注册的商品或服务与在先商标注册的商品或服务不近似，

如果在先商标在巴基斯坦享有盛誉，且无正当理由使用在后商标将不公平地利用或损害在先商标的知名度或良好口碑，则该商标不得予以注册。

（4）商标在巴基斯坦的使用可能会因下列原因被阻止的，该商标不得予以注册：

（a）根据保护在贸易过程中使用的未注册的商标或其他商标的任何法律，特别是反假冒法；或

（b）根据本条第（1）款、第（2）款、第（3）款或本款（a）项所述权利以外的在先权利，特别是根据版权设计权法或注册外观设计法。

（5）在先商标的所有人或其他在先商标的所有人同意该商标注册的，本条的规定不妨碍该商标的注册。

（6）不同的人分别就同一商品或服务或者同类商品或服务的商标分别提出注册申请，且该等商标彼此相同或近似的，注册官可在其认为合适的情况下拒绝将其中任何商标注册，直至高等法院对其权利作出裁决为止。

第18条　在先商标的含义

在本条例中，在先商标指：

（a）注册商标或符合《巴黎公约》规定的公约商标，其申请注册日期比有关商标的注册日期更早，在适当情况下应考虑针对商标主张的优先权；

（b）根据第26条第（1）款提交的商标；或

（c）在相关商标申请注册之日，或在适当的情况下就该申请主张优先权之日，该商标有权根据《巴黎公约》作为驰名商标受到保护。

（2）本条例所称在先商标，包括已就其提出注册申请且该商标如果已经注册则根据第（1）款（a）项或（b）项将会成为在先商标的商标，前提是该商标已被如此注册。

（3）第（1）款（a）项或（b）项所规定商标注册期满后1年内，在决定在后商标的注册可能性时仍应继续考虑该商标，除非注册官认为在有效期届满前2年内该商标未被善意使用。

第19条　商标诚实同时使用时相对理由的提出

（1）注册官认为商标注册申请存在下列任一情况的：

（a）存在第 17 条第（1）款、第（2）款或第（3）款所列的条件所涉及的在先商标；或

（b）存在使第 17 条第（4）款所列的条件得以成就的在先权利；

但申请人向注册官证明已诚实地同时使用了申请注册的商标的，注册官不得基于在先商标或其他权利而拒绝该申请，除非该在先商标或其他权利的所有人在异议程序中提出异议。

（2）在本条中，诚实地同时使用，指申请人或经其同意在巴基斯坦境内的使用，等同于根据 1940 年商标法（1940 年第 5 号）第 10 条第（2）款规定的诚实地同时使用。

（3）本条任何规定不影响：

（a）根据第 14 条的规定拒绝注册；

（b）根据第 80 条第（2）款提出宣布无效的申请。

第 20 条　商标部分注册和系列商标注册

（1）商标权人就商标任一部分单独主张专有使用权的，可申请将整个商标和该部分注册为独立的商标。

（2）每一独立商标均须符合适用于独立商标的所有条件，并须具备独立商标的所有附带条件。

（3）就同一商品或服务或同一类别商品或服务主张是多个商标的所有人，商标在实质性细节上彼此相似，但在下列情况中有所不同：

（a）与使用或打算使用的商标相关的商品或服务的说明或陈述；

（b）有关数量、价格、质量或地名的声明或陈述；

（c）其他具有非显著特征且不会对商标的显著性造成重大影响的事项；或

（d）商标或其任何部分的颜色。

如寻求注册该等商标，可以在一次注册中作为一个系列注册。

第 21 条　注册须作出放弃声明

商标包含：

（a）未以所有人的名义单独注册为商标的任何部分；

（b）尚未单独提出申请的任何部分；或

（c）业内常见的或以其他方式具有非显著性的任何事项的；

裁决机构在决定是否将该商标列入或保留在注册簿上时，作为该商标列入注册簿的条件，可以要求所有人放弃就该部分或全部或任何部分（视情况而定）的专用权，或作出裁决机构认为对界定所有人登记之权利所必需的其他放弃声明；

但放弃声明除针对其作出放弃声明的商标注册权利外不影响商标权人的任何权利。

第3章 注册程序与注册期间

第 22 条 注册申请

（1）商标注册申请须按规定方式书面向商标注册官提出。

（2）在不限制申请中可能包含的细节的情况下，申请应含有下列内容：

（a）商标注册请求；

（b）申请人的全称和地址；

（c）关于所注册商标的商品或服务的说明；

（d）商品或服务的国际分类；

（e）商标图样；及

（f）由代理人代表申请人申请注册的，代理人的全称、地址和具体联系方式。

（3）申请书应声明，申请人正在将该商标用于商品或服务，或者正经其同意而使用，或者他有善意使用该商标的意图。

（4）申请书中未包含第（2）款和第（3）款所要求的所有细节的，注册官可以拒绝接受该申请。

（5）申请应缴纳规定的申请费。

第 23 条 提交日期

（1）商标注册申请的提交日期应为向注册官提供包含第 22 条规定细节的文件的日期。

（2）在本条例中，凡提及注册申请日，均指申请提交日期。

第 24 条 商标共有

（1）与商标有利害关系的两人或多人之间的关系，使得其中任何一人除下列情况外均无权使用该商标的：

（a）代表该两人或所有人；或

（b）就其在贸易过程中与之有联系的商品或服务。

该等人员可根据第 22 条共同申请注册。

（2）将注册商标共同授予两人或多人的，在无相反约定的情况下，每个人均应享有该注册商标中相等的不可分割的份额。

（3）根据第（2）款或其他条款，两人或多人共同拥有注册商标的，适用下列规定。

（4）除非有相反约定，否则每个共有人有权由其本人或其代理人为自身利益，在不经他人同意或无须向他人说明的情况下，实施任何本属于侵犯注册商标的行为。

（5）一个共有人不得未经另一或其他共有人同意，

（a）授予注册商标使用许可；或

（b）转让其在注册商标中的份额或针对其份额收取费用。

（6）侵权诉讼可由任何共有人提起，但未经高等法院或知识产权裁决机构许可，该共有人不得继续进行该诉讼，除非另一人或每一其他人作为原告加入或追加为被告。

（7）由此被传唤为被告的共有人，除非参与诉讼，否则不承担任何诉讼费用。

（8）第（6）款和第（7）款不影响对单一共有人的申请给予临时救济。

（9）本条并不影响受托人或个人代表的相互权利和义务，也不影响其本身的权利和义务。

第 25 条 公约申请的含义、优先权

（1）公约申请，指一人在一个或多个公约国家按照规定提出的商标注册申请。

（2）如果：

（a）某人已按照规定提出"公约申请"的；且

（b）自提出公约申请或第一次提出公约申请之日起 6 个月内，该人或另一人（以下简称"权利继承人"）根据本条例，就相同商标，在已经在其他公约国所注册的部分或全部相同的商品或服务或商品及服务范围内，以规定的方式向注册官提出申请的；

该人或该人的权利继承人在根据本条例提出申请时，或在根据本条例提

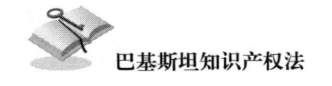

出申请后的规定期限内,且在申请被受理前,可享有商标注册的优先权。

(3)根据本条例提出的注册申请是在第(2)款所述规定的优先期限内提出的:

(a)确定优先权的有关日期应为第一次提出公约申请的日期;且

(b)在该日期至根据本条例提出申请之日期间,该商标在巴基斯坦的任何使用均不应影响该商标的可注册性。

(4)在公约国根据其国内立法或国际协定提出的等同于正常的国家申请的任何申请,均应视为产生优先权。

解释:就本款而言,正常的国家申请,指足以确定在该国提出申请的日期的申请,不论该申请的后续结果如何。

(5)在同一公约国提交的涉及与第一项公约申请相同主题的后续申请在提交后续申请时符合下列条件的,应视为第一项公约申请,其提交日期为优先权期间的开始日期:

(a)先前申请已被撤回、放弃或拒绝,未向公众开放查阅,亦没有遗留任何尚待使用的权利;且

(b)先前申请未作为主张优先权的依据。

(6)第(5)款所述先前申请此后不得作为主张优先权的依据。

(7)根据公约申请主张优先权的方式,应以规定的方式提出。

(8)因公约申请而产生的优先权,可与申请一同转让或独立转让。

(9)第(2)款所述申请人的"权利继承人"应据此解释。

第26条　申请在展览期间提供临时保护

(1)商标注册申请人在官方或官方认可的展览会上展示带有该商标的商品或提供了使用该商标的服务,且在展览会上首次展示带有该商标的商品或提供使用该商标的服务之日起6个月内,经其请求,应视为该商标已于该日申请注册。

(2)带有该商标的商品或使用该商标提供的服务的展览证明,必须是展览主管部门出具的证明,说明该商标首次用于展览中的商品或服务的日期。

(3)本条规定不得使申请人对同一商标享有其他任何优先权。

(4)在展览期间,对商品或服务的临时保护的授予,应符合规定的条件。

第27条　对申请的审查

(1)注册官应在切实可行的范围内尽快审查商标注册申请是否符合本条

例的规定。

（2）为施行第（1）款，注册官应在其认为有需要的范围内检索在先商标。

（3）注册官认为注册申请不符合要求的，应通知申请人，并给予申请人在注册官规定的期限内作出陈述或修改申请的机会。

（4）申请人未能使注册官相信申请符合上述规定，或未能修改申请以符合上述规定，或未能在指定期限届满前作出回应的，注册官应拒绝受理该申请。

（5）注册官认为申请符合注册规定的，应完全受理该申请，或按其认为合适的条件或限制受理该申请。

（6）拒绝或有条件受理的情况下，注册官应以书面方式说明其决定的理由和其作出决定时所使用的材料。

（7）裁决机构认为根据个案的所有情况这样做是公平合理的，可在受理申请前或受理申请后任何时间，更正申请中或与申请有关的任何错误，或允许申请人根据裁决机构认为合适的条款修改其申请；

但不得允许实质性影响商标显著性或扩大申请所涵盖的商品或服务范围的修改或更正；

且在申请公布后才允许对申请进行修改或更正的，该修改或更正也应当予以公布。

第 28 条　公布、异议程序和意见

（1）商标注册申请被受理后，不论是完全受理还是附条件或限制受理，注册官应在受理后将该申请及相应的受理条件或限制（如有）尽快在商标公告上公布；

就所有法律目的而言，在商标公告公布该商标即构成该商标已获受理的充分通知；

但是，如注册官认为在特殊情况下适宜的，可在受理申请前公布该申请；在注册官认为合适的情况下，该商标申请被受理后可再次予以公布，但注册官不受此约束；

但是，如申请因上述但书规定的任何特殊情况而予以公布，注册官须同时公布令其作出该公布的特殊情况。

（2）任何人可自注册申请公布或重新公布之日起 2 个月内，或在经注册

官同意并以规定方式、缴纳规定费用后不超过 2 个月延展期内，向注册官提出注册异议。

（3）根据第（2）款提出的异议，应以规定方式书面提出，并应陈述异议理由。

（4）注册官应按规定方式向申请人送达异议副本。自申请人收到异议副本 1 个月内，或在经注册官同意并以规定方式、缴纳规定费用后不超过 2 个月延展期内，申请人应以规定方式向注册官提交一份反对陈述，说明其申请所依据的理由；

否则，其申请将被视为放弃。

（5）申请人提交本条第（4）款所述反对陈述的，注册官应以规定方式将反对陈述副本送达异议人。异议人认为必要的，可以自收到反对陈述副本 1 个月内，或在经注册官同意并以规定方式、缴纳规定费用后不超过 2 个月延展期内，以规定方式向注册官提出反驳。

（6）异议人提出反驳的，注册官应按规定方式将反驳书副本送达申请人。

（7）异议人和申请人所依据的任何证据，应按规定方式及在规定时间内提交注册官。异议人和申请人需要陈述意见的，注册官应给予其机会。

（8）除非程序被中止或驳回，否则注册官应在给予异议人和申请人一次陈述意见的机会后决定是否允许注册，以及注册的条件或限制（如有）。

（9）如果注册官认为根据案件所有情况是公平合理的，可以允许以规定的方式修正异议、反对陈述和反驳意见的任何错误，或修改异议、反对陈述和反驳意见。

第 29 条 异议理由

（1）可以根据本条例规定的拒绝商标注册申请的任何一项理由对商标注册提出异议，但商标不能以图形表示的理由除外。

（2）可以根据申请人不存在下列意图而对商标注册提出异议：

（a）在巴基斯坦就申请书所限定的商品、服务或商品及服务使用或授权使用该商标；或

（b）将该商标转让给法人团体，供其就申请书所限定的商品、服务或商品及服务在巴基斯坦使用该商标。

（3）可基于下列任何一项理由，对商标注册提出异议：

（a）申请人不是该商标的所有人；

（b）该申请或为支持该申请而提交的文件的修改违反本条例规定；

（c）注册官根据在要项上存在虚假的证据或陈述而受理注册申请；或

（d）特殊情况下申请的预受理公布不存在充分理由或原因。

（4）对特定商品或服务的商标注册，可以下列理由提出异议：

（a）该商标与某一驰名商标或者某一在该商标就该商品或服务注册的优先权日之前已经在巴基斯坦获得声誉的商标实质上相同或欺骗性近似；且

（b）由于另一商标的声誉，使用该商标会造成淡化或可能造成欺骗或混淆。

（5）对特定商品的商标注册，可因该商标包含指示下列商品来源的地理标志而提出异议：

（a）并非相关商品原产地的国家，或该国家的某一区域或地区；或

（b）并非相关商品原产地的某一区域或地区。

（6）在先商标申请被提出异议的，第 17 条第（2）款（b）项的规定应中止适用。

第 30 条　以提出异议通知人以外的人的名义提出异议的情况

如果：

（a）某人提出异议通知后，该人在提出异议时享有的权利或利益转归另一人；且

（b）该另一人：

（ⅰ）以规定方式通知注册官该权利或利益已转归该另一人；且

（ⅱ）未撤回异议；

异议可以继续进行，如同异议是以该另一人的名义提出的一样。

第 31 条　申请的撤回

（1）申请人可随时撤回申请或限制申请所涵盖的商品或服务。

（2）申请已经公布的，第（1）款规定的撤销或限制也应公布。

第 32 条　分案申请

（1）分案申请，是指已经根据第 22 条就某些商品、服务或商品及服务提出商标注册申请的人根据本条所提出的其他申请：

（a）就任何或所有该等商品、服务或商品和服务仅注册商标的一部

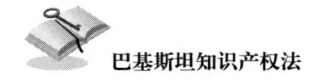

分；或

(b) 就根据第 22 条所提出的申请中，就部分商品、服务或商品和服务申请商标注册。

(2) 只有在根据第 22 条提出的商标注册申请仍在审理中的情况下，方可就商标或商标的一部分提出分案注册申请。

(3) 分案申请应作为根据第 22 条提出的申请进行。

但分案申请应视为已在根据第 22 条所提出申请之日提交。

第 33 条 注　　册

(1) 申请已被受理的；且

(a) 在第 28 条第（2）款规定的期限内没有提出异议；或

(b) 所有异议程序已被撤回或作出有利于申请人的决定，注册官应在规定期限内将该商标予以注册，但在考虑自受理申请以来所知悉的事项后，发现该申请被错误受理的除外。

(2) 未在规定期限内缴纳规定注册费的，商标不得予以注册；未在规定期限内缴费的，根据规则规定的程序，申请被视为放弃。

(3) 应以提交注册申请之日作为已注册商标的注册日，且就本条例而言，该日期应被视为注册日期。

(4) 商标注册后，注册官应以规定方式予以公布，并以规定注册形式向申请人发出证书，证书加盖商标注册处的印章。

(5) 商标注册因申请人的原因而未在自申请日起的 12 个月内完成的，注册官可在以规定方式向申请人发出通知后将该申请视为放弃，但该申请在通知书中指明时间内完成的除外。

第 34 条　注册期限和续展

(1) 商标的注册期限为 10 年，自注册之日起算。

(2) 注册可根据第 35 条续展，有效期为 10 年。

第 35 条　注册的续展

(1) 商标注册可应商标权人的要求续展，但应缴纳规定的续展费用。

(2) 注册官应在商标注册期限届满前，将届满日期及商标注册续展的方式通知商标权人。

（3）续展请求应在注册期限届满之前提出，同时提交续展费；亦可在规定的不少于 6 个月的延展期内提出，但应支付额外续展费。

（4）续展自前一注册期限届满之日起生效。

（5）除首次续展外，注册官可要求续展申请须附有在巴基斯坦使用该商标的证据。

（6）未根据本条规定续展商标注册的，注册官应从注册簿中删除该商标。

但是，注册官可在符合规定条件的情况下（如有）恢复已从注册簿上删除的商标注册。

（7）商标注册的续展或者恢复，应在商标公告上公布。

第 36 条　因未支付续展费而从注册簿中删除的效力

因未支付续展费而根据本条例从注册簿中删除的商标，在移除之日后的 1 年内，就另一商标的注册申请而言，该商标仍应被视为存在于注册簿上，除非裁决机构认为存在下列任一情形：

（a）在商标被撤销前的 2 年内，该商标未被善意使用；或

（b）不会因已删除商标的先前使用而导致使用所申请注册商标引起欺骗或混淆。

第 37 条　注册商标的变更

（1）除第（2）款另有规定外，注册商标在注册或续展期间内不得在注册簿中更改。

（2）商标包括商标权利人的名称或地址的，注册官可应权利人的要求，允许对注册商标进行变更，但变更仅限于更改该名称或地址，而不能实质上影响该商标的显著性。

（3）对根据第（2）款作出的任何变更，注册官应以规定方式公布该变更以及主张受变更影响的人所提出的反对意见。

第 38 条　注册商标的放弃

（1）注册商标权利人可就其注册的部分或全部商品或服务放弃注册商标。

（2）联邦政府可按规定在政府公报上公布：

（a）放弃注册商标的方式和后果；且

（b）保护对该注册商标享有权利的其他人的利益。

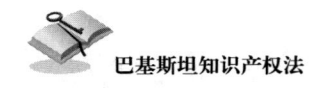

第 4 章 注册及其效力

第 39 条 注册所赋予的权利

（1）注册商标是个人财产。

（2）注册商标权人在巴基斯坦拥有该商标的独占权利，未经其同意使用该商标将构成侵权。

（3）在不损害注册商标权人根据现行有效的任何其他法律取得任何救济的权利的情况下，该商标受到侵犯的，所有人亦有权根据本条例获得救济。

（4）本条例中所述侵犯注册商标的行为，均指侵犯所有人的权利。

（5）权利人的权利自注册之日起生效；

但是，在该商标实际注册之日前，不得提起侵权诉讼。

（6）根据本条例注册商标所赋予的权利，应扩及根据 1940 年商标法（1940 年第 5 号）所注册的商标。

第 40 条 侵犯注册商标

（1）在商业中就与注册商标相同的商品或服务使用与注册商标相同的标识的，构成对注册商标的侵犯。

（2）在商业中有如下使用标识情形的，构成对注册商标的侵犯：

（a）标识与该商标相同，且用于与该商标注册的商品或服务近似的商品或服务；或

（b）标识与该商标欺骗性近似，且用于与该商标注册的商品或服务相同或近似的商品或服务，在部分公众中可能产生混淆，包括可能与该商标产生联想。

（3）在商业中就下列情形使用与注册商标相同或欺骗性近似的标识的，构成对注册商标的侵犯：

（a）与该商标注册的商品属同一类别的商品；

（b）与该商标注册的商品密切相关的服务；

（c）与该商标注册的服务属同一类别的服务；或

（d）与该商标注册的服务密切相关的商品。

（4）在商业中使用下列标识的，构成对注册商标的侵犯：

（a）与该商标相同或欺骗性近似；且

（b）用于与该商标的商品或服务不相似的商品或服务。

而该商标是驰名商标或者在巴基斯坦境内享有盛誉，无正当理由使用该商标不公平地利用或者损害了该商标的知名度和良好口碑。

（5）将注册商标作为商号或者商号的部分使用的，构成对注册商标的侵犯。

（6）以向他人包括注册商标权人销售域名为目的，将注册商标作为自身域名或域名的部分或者未经注册商标权人同意获得该域名的，构成对注册商标的侵犯。

（7）将注册商标用于拟作为标签或商品包装的材料上，且在应用该标识时知道或有理由相信该标识的应用没有按照规定获得所有人或被许可人授权的，视为使用材料侵犯注册商标的当事人。

（8）在所有法律程序中，销售、许诺销售或展示带有侵犯注册商标的标识的商品，或将该等商品投放市场，或为出售或任何商业目的而管理，或制造任何该等商品的，视为侵犯注册商标的当事人，除非其能证明：

（a）在采取一切合理预防措施的情况下，没有理由怀疑该标识的真实性；且

（b）应裁决机构要求，已提供其所能提供的关于向其提供商品之人的所有信息；或

（c）其以其他方式无害行事的。

第41条 因违反特定限制而侵犯商标

除第42条另有规定外，注册商标权人或有权如此行事的被许可人已促使在据以注册商标的商品上展示"注册商标"字样，或在其包装上或在向公众提供商品的容器上展示禁止任何下列行为的公告：

（a）在最初向公众提供的商品的状态、条件和包装被改变后，将该商标应用于已注册的商品，或在与该等商品有实质关系的情况下使用该商标；

（b）更改、部分移除或删除适用于注册商品并与该等商品有实际关系的商标的任何图示；

（c）如该商标已应用于注册商品，或与注册商品有实质关系而使用，且伴随有其他显示所有人或被许可人已处理该等商品的内容，全部或部分删除或删除该商标的任何图示而没有完全删除或删除其他内容；

（d）就注册商品使用另一商标或与该等商品有实质关系的商标；

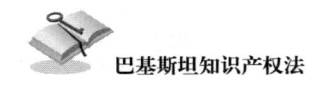

（e）如商标已应用于注册商品，或与注册商品有实际关系，在该商品上或在该商品的包装或容器上使用任何可能损害该商标声誉的内容；

任何人如实施或授权他人实施上述任何禁止行为，则应承担侵犯该商标的责任；

但如果商品的所有人在不知道禁止通知的情况下善意取得商品，或因从先前取得该商品所有权之人取得商品的所有权，则不视为侵犯该注册商标。

第 42 条　未侵犯商标的情形

（1）下列情况不构成对注册商标的侵犯：

（a）善意使用：

（ⅰ）该人的姓名或营业场所的名称，只要该使用不会导致混淆的可能或以其他方式干扰现存的商标或其他财产权；或

（ⅱ）该人的业务前任人的名称或前任人的营业地的名称；

（b）善意使用标记用以表明：

（ⅰ）商品或服务的种类、质量、数量、预定用途、价值、地理来源或其他特征；或

（ⅱ）生产商品或提供服务的时间；

（c）善意使用该商标以表明商品的预定用途，特别是作为配件或备件或服务；或

（d）该人出于比较广告的目的而使用该商标。

（2）使用根据第 39 条赋予的注册商标使用权受注册簿上记载的任何条件或限制的约束的，因在任何地方就拟出售或以其他方式交易的商品，或就提供的服务，或就拟出口到任何市场的商品或服务，或在考虑到任何该等限制后注册不适用的任何其他情况下，使用上述任何该等商标，不得视为侵犯该商标权利。

（3）商标注册受放弃声明约束的，使用商标声明放弃的部分，不构成对商标的侵犯。

第 43 条　注册作为有效的表面证据

在所有与根据本条例或根据 1940 年商标法（1940 年第 5 号）注册的商标有关的法律程序中，已注册为商标权人的事实，应为该商标的原始注册及其后的所有转让和传承的表面证据。

第44条　注册5年后作为有效的确证

在所有与注册商标有关的法律程序中，在商标的原始注册日期起5年后，除非该商标是通过欺诈手段获得的，或该商标违反第14条第（3）款的规定，否则该商标的原始注册在各方面均应视为有效。

第45条　保留用作物品或物质的名称或说明的文字

（1）商标注册不得仅因在注册日之后使用该商标所包含或构成物品、物质或服务的名称或说明的任何文字而被视为无效；

但是，如能证明存在下列任一情况：

（a）存在一种著名且公认的用法，即该文字被某个人或从事贸易的人用作物品、物质或服务的名称或描述，而非用于在贸易过程中与商标权人或被许可人有关的商品或服务，或者在证明商标的情况下，用于由所有人证明的商品或服务的；或

（b）该物品或物质是根据在本条例生效时有效的专利或在本条例生效后授予的专利制造的，在专利有效期届满后2年或以上的时间内，上述词语是该物品或物质唯一可行的名称或描述的。

适用第（2）款的规定。

（2）第（1）款但书（a）项或（b）项所述事实已针对任何文字得以证明的：

（a）就第96条项下的任何法律程序而言，商标仅由上述文字构成的，就有关物品或物质，或同一种类的任何商品，或该服务，或同一种类的任何服务的注册而言，应视为错误地留在注册簿上的记项；或

（b）出于与该商标有关的任何其他法律程序的目的：

（i）该商标仅由该等文字构成的，商标权人根据本条例或届时生效的任何其他法律所享有的使用该商标的一切权利；或

（ii）商标中含有该等文字及其他事项的，商标权人享有的使用该等文字的一切权利。

就物品或物质，同一类别的任何商品，或该服务，或同一类别的任何服务而言，均应视为在第（1）款但书（a）项所述的使用首次变得著名且稳定之日，或在上述但书（b）项所述的2年期限届满之时终止。

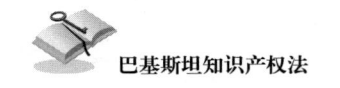

第 5 章 侵权程序

第 46 条 侵权诉讼

（1）除本条例另有规定外，侵犯注册商标的行为可由商标权人提出诉讼。

（2）与其他任何财产权受到侵犯可获得的救济一样，在侵权诉讼中，商标权人可获得损害赔偿、禁令、交出所得利润或其他方式的救济。

（3）本条例任何规定均不得视为影响对假冒他人商品或假冒他人服务之人提起诉讼，或获得相应救济的权利。

第 47 条 去除侵权标志的命令

（1）认定侵犯注册商标的，高等法院或知识产权裁决机构可作出命令，要求相关人员：

（a）在其拥有、保管或控制的任何侵权商品、材料或物品上，涂掉、移除或删除该侵权商标；或

（b）在涂掉、移除或删除侵权商标并非合理可行的情况下，确保销毁侵权商品、材料或物品。

（2）根据第（1）款发出的命令没有得到遵守，或高等法院或知识产权裁决机构认为该命令很可能不会得到遵守的，高等法院或知识产权裁决机构可命令将侵权商品、材料或物品交付高等法院或知识产权裁决机构指定人员，以涂掉、移除或删除侵权商标或视情况销毁侵权商品、材料或物品。

第 48 条 上缴侵权商品、材料或物品的命令

（1）注册商标权人可向高等法院或知识产权裁决机构申请命令，要求将他人在商业中拥有、保管或控制的任何侵权商品、材料或物品交付给注册商标权人或高等法院或知识产权裁决机构指定的其他人员。

（2）在第 50 条规定的期限届满后，不得提出申请；除非高等法院或知识产权裁决机构根据第 51 条作出命令或认为有理由作出命令，否则不得作出命令。

（3）未根据第 51 条作出命令的，根据本条作出命令向其交付侵权商品、材料或物品的人，在根据该条作出命令或决定不作出命令之前，应保留该等商品、材料或物品。

（4）本条不影响高等法院或知识产权裁决机构的任何其他权力。

第 49 条　侵权商品、材料或物品的含义

（1）除第（2）款另有规定外，就注册商标而言，商品或其包装带有与注册商标相同或欺骗性近似的商标的；且

（a）在商品或其包装上使用该商标是对该注册商标的侵犯；

（b）该商品拟进口到巴基斯坦，而在巴基斯坦就该商品或其包装使用该商标将构成对该注册商标的侵犯；或

（c）以侵犯该注册商标的其他方式就商品使用该商标。

（2）第（1）款不得解释为影响可合法进口至巴基斯坦的商品的进口。

（3）材料上注有标识，而该标识与注册商标相同或欺骗性近似，且材料具有下列情形之一的，为侵权材料：

（a）以侵犯注册商标的方式，作为商业用纸用于标示或包装商品，或用于宣传商品或服务；或

（b）意图如此使用，而该使用将侵犯注册商标。

（4）就注册商标而言，侵权物品，指下列物品：

（a）专门为制作与该商标相同或近似的复制品而设计或改造的；且

（b）他人拥有、保管或控制，知道或有理由相信其已经或将被用于生产侵权商品或材料。

第 50 条　其后无法获得交付救济的期间

（1）自下列日期起 3 年后，不得申请作出第 48 条项下的命令，但第（2）款另有规定的除外：

（a）就侵权商品而言，该商标应用于该商品或其包装的日期；

（b）就侵权材料而言，该商标应用于该材料的日期；或

（c）就侵权物品而言，侵权物品的制作日期。

（2）在第（1）款规定的全部或部分期间内，注册商标权人：

（a）无行为能力的；或

（b）因欺诈或隐瞒而无法发现使其有权申请作出命令的事实的，

申请可在其恢复行为能力或在作出合理努力后能够发现该等事实（视情况而定）之日起 3 年期满前的任何时间提出。

解释：在本款中，无行为能力，应具有 1908 年诉讼时效法（1908 年第 9 号）中相同的含义。

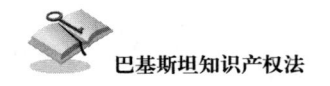

第 51 条　处置侵权商品、材料或物品的命令

（1）侵权商品、材料或物品已按照根据第 48 条所作出的命令交付的，可向高等法院或知识产权裁决机构申请：

（a）命令将其销毁或没收给高等法院或知识产权裁决机构指定人员；或

（b）决定不作出上述命令。

（2）高等法院或知识产权裁决机构在考虑应作出何种命令时，应考虑侵犯注册商标诉讼中可获得的其他救济措施是否足以补偿商标权人和任何被许可人并保护其利益。

（3）多人对商品、材料或物品有利害关系的，高等法院或知识产权裁决机构应作出其认为公正的命令。

（4）高等法院或知识产权裁决机构决定根据本款不应作出命令的，在交付前拥有、保管或控制商品、材料或物品的人有权获得返还。

第 52 条　对无理由威胁提起侵权诉讼的救济

（1）以他人侵犯下列商标为理由，威胁要对他人提起诉讼的：

（a）注册商标；或

（b）声称已注册的商标，

任何受威胁侵害的人均可向提出威胁的人提起诉讼以寻求救济。

（2）可针对下列内容申请救济：

（a）声明威胁不合理；

（b）不得继续威胁的禁令；或

（c）赔偿其因威胁而遭受的任何损失。

（3）原告有权获得第（2）款规定的任何救济，但被告证明据以威胁提起诉讼的行为构成或一旦实施将侵犯相关注册商标的除外。

（4）被告证明存在第（3）款所述情况，但原告表明该商标注册在相关方面无效或可被撤销的，有权获得第（2）款规定的任何救济。

（5）就本条而言，仅仅通知商标已注册或已提出注册申请的，不构成诉讼威胁。

（6）本条规定不得使律师、辩护人或代理人因以专业身份代表客户实施行为而承担任何诉讼责任。

第6章 侵权商品、材料或物品的进口

第53条 侵权商品、材料或物品可视为被禁止

（1）注册商标权人可书面通知知识产权组织总干事、知识产权执法总监、海关督察、海关知识产权执法总监或根据1969年海关法（1969年第4号）的任何主管当局：

（a）其是注册商标权人；

（b）与该注册商标有关的侵权商品、材料或物品，或对其来源或制造者身份有虚假说明的商品，将在通知中指明的时间和地点从巴基斯坦境外运抵巴基斯坦，并根据1969年海关法（1969年第4号）应受到海关当局的控制；且

（c）其请求知识产权组织总干事、知识产权执法总监、海关督察、海关知识产权执法总监或根据1969年海关法（1969年第4号）的任何主管当局将该等商品作为禁止商品。

第54条 海关当局发出的干预通知

根据第53条向知识产权组织总干事、知识产权执法总监、海关督察、海关知识产权执法总监或根据1969年海关法（1969年第4号）的任何主管当局发出通知时，通知应随附通知发出人向相关海关当局作出赔偿，并就因错误暂停商品清关导致的损失或损坏，向任何商品进口商、收货人或所有人作出补偿的承诺。

第55条 向海关当局提供担保或等效保证

知识产权组织总干事、知识产权执法总监、海关督察、海关知识产权执法总监或根据1969年海关法（1969年第4号）的任何主管当局可要求申请人提供足以保护商品进口商、收货人或所有人的担保或等效保证，但该等担保或等效保证不得不合理地阻止诉诸该等程序。

第56条 知识产权组织总干事、知识产权执法总监、海关督察、海关知识产权执法总监或根据1969年海关法（1969年第4号）的任何主管当局可扣押带有侵权商标的商品

如果适用第53条的商品：

（a）在商品上带有知识产权组织总干事、知识产权执法总监、海关督察、海关知识产权执法总监或根据1969年海关法（1969年第4号）的任何主管当局认为与注册登记商标相同或近似的商标；且

（b）属于与注册登记商标有关的商品的；

除非知识产权组织总干事、知识产权执法总监、海关督察、海关知识产权执法总监或根据1969年海关法（1969年第4号）的任何主管当局确信不存在认为商品进口会侵犯商标的合理理由，否则知识产权组织总干事、知识产权执法总监、海关督察、海关知识产权执法总监或根据1969年海关法（1969年第4号）的任何主管当局应扣押商品，并将被扣押商品存放在知识产权组织总干事、知识产权执法总监、海关督察、海关知识产权执法总监或根据1969年海关法（1969年第4号）的任何主管当局指示的安全地点。

第57条 扣押通知

知识产权组织总干事、知识产权执法总监、海关督察、海关知识产权执法总监或根据1969年海关法（1969年第4号）的任何主管当局还应在切实可行范围内尽快：

（a）通过亲自送达或紧急邮寄方式，向商品的进口商、收货人或所有人发出书面扣押通知，指明商品并说明商品根据第56条予以扣押；且

（b）向申请人发出书面通知：

（ⅰ）指明商品并说明商品根据第56条予以扣押；

（ⅱ）提供商品的进口商、收货人或所有人的全称和地址，以及知识产权组织总干事、知识产权执法总监、海关督察、海关知识产权执法总监或根据1969年海关法（1969年第4号）的任何主管当局基于合理理由认为可能帮助申请人识别该商品的进口商或所有人的任何信息；且

（ⅲ）说明除非申请人向对该事项具有司法管辖权的知识产权裁决机构针对商品提起侵犯注册商标的诉讼，并自申请人收到通知后10个工作日内或[如知识产权组织总干事、知识产权执法总监、海关督察、海关知识产权执法总监或根据1969年海关法（1969年第4号）的任何主管当局根据第60条第（1）款延长期限]延长期限内，向知识产权组织总干事、知识产权执法总监、海关督察、海关知识产权执法总监或根据1969年海关法（1969年第4号）的任何主管当局发出提起诉讼的书面通知，否则商品应向进口商、收货人或者商品所有人予以放行。

第58条　商品的没收

任何被扣押商品的进口商、收货人或所有人在申请人就商品的商标侵权提起诉讼之前的任何时间，通过向知识产权组织总干事、知识产权执法总监、海关督察、海关知识产权执法总监或根据1969年海关法（1969年第4号）的任何主管当局发出书面通知，同意知识产权组织总干事、知识产权执法总监、海关督察、海关知识产权执法总监或根据1969年海关法（1969年第4号）的任何主管当局没收商品的，商品应由知识产权组织总干事、知识产权执法总监、海关督察、海关知识产权执法总监或根据1969年海关法（1969年第4号）的任何主管当局予以没收。

第59条　商品的放行

（1）申请人在规定期间内未作出下列行为的，知识产权组织总干事、知识产权执法总监、海关督察、海关知识产权执法总监或根据1969年海关法（1969年第4号）的任何主管当局应向其指定进口商、收货人或所有人放行被扣押商品：

（a）针对商品提起侵犯注册商标的诉讼；且

（b）向知识产权组织总干事、知识产权执法总监、海关督察、海关知识产权执法总监或根据1969年海关法（1969年第4号）的任何主管当局发出提起诉讼的书面通知。

（2）存在下列情况的，知识产权组织总干事、知识产权执法总监、海关督察、海关知识产权执法总监或根据1969年海关法（1969年第4号）的任何主管当局亦应向其指定的进口商、收货人或所有人放行被扣押商品：

（a）在规定期间届满前，申请人通过向知识产权组织总干事、知识产权执法总监、海关督察、海关知识产权执法总监或根据1969年海关法（1969年第4号）的任何主管当局发出书面通知，同意放行商品；且

（b）此时：

（ⅰ）申请人尚未就商品提起侵犯注册登记的诉讼；或

（ⅱ）申请人已撤销提起的诉讼。

（3）存在下列情况的，知识产权组织总干事、知识产权执法总监、海关督察、海关知识产权执法总监或根据1969年海关法（1969年第4号）的任何主管当局可以在指定期间届满前，向其指定的进口商、收货人或所有人放行

被扣押商品：

（a）考虑到商品被扣押后知识产权组织总干事、知识产权执法总监、海关督察、海关知识产权执法总监或根据 1969 年海关法（1969 年第 4 号）的任何主管当局知悉的信息，其确信不存在认为因商品进口而侵犯注册商标的合理理由的；且

（b）申请人至今尚未就该商品提起侵犯该注册商标的诉讼或其未被告知有关诉讼的。

第 60 条　对进口商品提起侵权诉讼

（1）申请人可以就被扣押商品提起侵犯注册商标的诉讼，且在符合下述第（2）款（b）项规定的情况下，在就商品根据第 57 条向申请人发出通知规定的 10 个工作日内，向知识产权组织总干事、知识产权执法总监、海关督察、海关知识产权执法总监或根据 1969 年海关法（1969 年第 4 号）的任何主管当局发出通知；或

（i）在指定期间届满前，申请人已向知识产权组织总干事、知识产权执法总监、海关督察、海关知识产权执法总监或根据 1969 年海关法（1969 年第 4 号）的任何主管当局发出延长指定期间的申请的；且

（ii）知识产权组织总干事、知识产权执法总监、海关督察、海关知识产权执法总监或根据 1969 年海关法（1969 年第 4 号）的任何主管当局确信就相关情况而言这样做是公平合理的，已将指定期间最多延长 10 日的，在此延长期间内，向知识产权组织总干事、知识产权执法总监、海关督察、海关知识产权执法总监或根据 1969 年海关法（1969 年第 4 号）的任何主管当局发出通知。

（2）审理案件的知识产权裁决机构：

（a）可基于任何人提出的申请允许该人作为本案共同被告加入诉讼；且

（b）应允许知识产权组织总干事、知识产权执法总监、海关督察、海关知识产权执法总监或根据 1969 年海关法（1969 年第 4 号）的任何主管当局或其按照规定的授权代表出席并作出陈词。

（3）除第（4）款另有规定，知识产权裁决机构给予本条规定以外的任何救济，知识产权裁决机构：

（a）如认为公正，可基于其认为适当的条件，随时命令向其指定的所有人放行被扣押商品；或

(b) 命令没收被扣押商品。

(4) 知识产权裁决机构不得作出有利于下列行为的命令：

(a) 将假冒商标商品再出口；

(b) 未经授权去除贴在假冒商标商品上的商标；及

(c) 在当地出售该等商品。

(5) 知识产权裁决机构认定商品的进口未侵犯注册商标，且商品的指定进口商、收货人或所有人使法院确信因扣押商品而使其遭受损失或损坏的，知识产权裁决机构可以命令申请人就自提起诉讼之日起或之后的任何期限内所造成的任何部分损失或损坏，按照知识产权裁决机构确定的金额，向被告支付补偿。

(6) 自提起诉讼之日起3周后，知识产权裁决机构未作出禁止放行商品的命令的，知识产权组织总干事、知识产权执法总监、海关督察、海关知识产权执法总监或根据1969年海关法（1969年第4号）的任何主管当局应向指定进口商、收货人或所有人放行商品。

(7) 知识产权裁决机构命令放行商品的，知识产权组织总干事、知识产权执法总监、海关督察、海关知识产权执法总监或根据1969年海关法（1969年第4号）的任何主管当局应遵守该命令，但第63条另有规定的除外。

第61条 被许可人针对任何被扣押商品提起侵权之诉

如果注册商标的独占被许可人是任何被扣押商品的申请人，则该被许可人可以在规定的期限内就该商品提起注册商标侵权诉讼，而无须首先确定所有人是否愿意提起诉讼。

第62条 没收商品的处置

(1) 除第(2)款另有规定外，根据本章规定没收的任何商品应由知识产权组织总干事、知识产权执法总监、海关督察、海关知识产权执法总监或根据1969年海关法（1969年第4号）的任何主管当局根据1969年海关法（1969年第4号）没收商品的方式予以处置。

(2) 知识产权组织总干事、知识产权执法总监、海关督察、海关知识产权执法总监或根据1969年海关法（1969年第4号）的任何主管当局不得以可能促成下列情形的方式处置商品：

(a) 将假冒商标商品再出口；

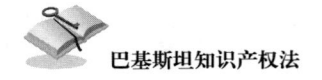

(b) 未经授权去除贴在假冒商标商品上的商标；及

(c) 在当地出售该等商品。

第 63 条 知识产权组织总干事、知识产权执法总监、海关督察、海关知识产权执法总监或根据 1969 年海关法（1969 年第 4 号）的任何主管当局控制商品的权力

尽管本章中有任何其他规定，但是知识产权组织总干事、知识产权执法总监、海关督察、海关知识产权执法总监或根据 1969 年海关法（1969 年第 4 号）的任何主管当局不得：

(a) 放行或处置任何商品；或

(b) 就商品采取任何措施，以赋予知识产权裁决机构根据第 60 条作出的任何命令以效力，且知识产权组织总干事、知识产权执法总监、海关督察、海关知识产权执法总监或根据 1969 年海关法（1969 年第 4 号）的任何主管当局应向知识产权裁决机构提出申请获得该等商品，并允许其根据届时有效的任何法律控制商品。

第 64 条 不充分担保

根据第 53 条或第 61 条就注册商标发出通知的申请人根据第 55 条提供的担保不足以支付联邦政府因知识产权组织总干事、知识产权执法总监、海关督察、海关知识产权执法总监或根据 1969 年海关法（1969 年第 4 号）的任何主管当局根据本章采取的行动而产生的费用的，费用与担保金额的差额：

(a) 应作为申请人所欠联邦政府的债务；且

(b) 应由联邦政府根据 1969 年海关法（1969 年第 4 号）第 202 条予以收回。

第 65 条 联邦政府对因扣押遭受的损失不承担责任

联邦政府对使任何人因下列原因遭受的任何损失、损害或延误不承担责任：

(a) 知识产权组织总干事、知识产权执法总监、海关督察、海关知识产权执法总监或根据 1969 年海关法（1969 年第 4 号）的任何主管当局根据本章扣押或未扣押商品的；或

(b) 放行任何被扣押商品的。

第66条　知识产权组织总干事、知识产权执法总监的规章制定权

知识产权组织总干事、知识产权执法总监可以制定规章制度，规定发出通知的形式，要求通知发出人提供所有权证据并且遵守可能规定的其他条件，包括支付涵盖行政费用的费用。

第7章　不正当竞争和比较广告

第67条　不正当竞争的含义和相关规定

（1）不正当竞争，指在工业或商业事务中违反诚实商业惯例的任何竞争行为，且在不损害上述规定的情况下，此类行为可包括：

（a）以任何方式造成与竞争者的机构、商品、服务或工业或商业活动混淆的所有行为；

（b）在贸易过程中提出虚假指控，使竞争者的企业、商品、服务或工业或商业活动失去信誉；

（c）在贸易过程中使用可能会在货物或服务的性质、制造过程、特点、成分、质量或是否适合货物或服务的目的方面误导公众的标示或指控；

（d）在工业或商业事务过程中，导致他人未经该信息的合法人同意，以违反诚实工业或商业惯例的方式披露、获取或使用该信息的任何行为或做法，只要该信息与销售或制造货物或提供服务有关；且

（ⅰ）在一定程度上属保密，即无论作为一个整体还是就其各部分的精确排列和组合而言，该信息尚不为通常处理该信息的圈内人士所普遍知悉或易于获取；

（ⅱ）由于其保密性而具有商业价值；且

（ⅲ）已由该信息的合法控制人在当时情况下采取合理步骤对该信息进行保密；

（e）在贸易过程中作出虚假或欺骗性陈述；

（f）误导性广告；或

（g）以欺骗方式注册或申请注册商标。

解释：就（d）项而言，违反诚实工业或商业惯例的方式，应至少指违反合同、违反信任和诱使违约等做法，且包括第三方明知或因重大过失而不知其参与获取未披露信息的情况。

（2）不正当竞争的任何行为应属非法行为。

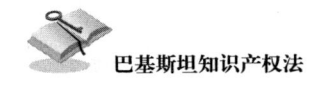

（3）可以向具有司法管辖权的知识产权裁决机构就不公平竞争行为提起诉讼。

第 68 条　误导性广告和比较广告

（1）就比较而言，比较广告在符合下列条件的情况下是合法的：

（a）根据第 2 条（xxiv）项和本条第（2）款不具有误导性；

（b）其比较的是满足相同需要或者旨在用于相同用途的商品或者服务；

（c）其客观地比较该等商品和服务的一种或多种材料、相关和可核查的和有代表性的特征，其中可能包括价格；

（d）在刊登广告者与竞争对手之间，或者刊登广告者的商标、商号、其他识别标志、商品或服务与竞争对手的商标、商号、其他显著标志、商品或服务之间，不会在市场上产生混淆；

（e）不会诋毁或贬低竞争对手的商标、商号、其他识别标志、商品、服务、活动或情况；

（f）对于具有产地标记的产品，其在任何情况下，与具有相同标记的产品相关；

（g）其不会不正当地利用竞争对手的商标、商号或其他识别标志的声誉，或竞争产品的原产地名称；且

（h）其不会将商品或服务作为带有受保护商标或商号的商品或服务的仿制品或复制品进行呈现。

（2）在确定广告是否具有误导性时，裁决机构应考虑其所有特点，特别是其中所载有关下列内容的任何信息：

（a）商品或服务的特点，如其可得性、性质、执行、组成、制造或提供的方法和日期、对目的的适用性、用途、规格、地理或商业来源或预期的使用结果，或对商品或服务进行的试验或检查的结果和实质特征；

（b）价格或者计算价格的方式，以及提供商品或者提供服务的条件；及

（c）刊登广告者的性质、属性和权利，例如其身份和资产、其资格及工业、商业或知识产权的所有权或其获得的奖项和荣誉。

（3）对禁止误导性广告或监管比较广告具有合法权益的任何人，均可向裁决机构对此类广告提起法律诉讼。

（4）对于根据第（3）款向裁决机构提出的所有申诉，裁决机构应在其作出下列命令前考虑涉及的所有利益，特别是公众利益：

（a）刊登广告者发布更正声明；

（b）停止误导性广告，或者对于尚未发布但即将发布的未经许可的比较广告，禁止进行此类发布。

（5）本条不排除自律组织对误导或比较广告的主动控制，亦不排除有关人员向该等机构求助，如果向该等机构提起的程序是在第（3）款所述裁决机构程序之外。

第8章 转让和传承

第69条 注册登记商标的转让

（1）注册商标应像其他私人财产或动产一样，通过转让、遗嘱处置或法律规定进行传承。

（2）注册商标亦可针对企业商誉或独立地进行传承。

（3）注册商标的转让或以其他方式传承可以部分进行，即仅适用于下列方面的有限转让或传承：

（a）部分而非全部注册商标的商品或服务；或

（b）以特定方式或在特定地点使用该商标。

（4）注册商标的转让或与注册商标有关的同意，除非由转让人或（视情况而定）个人代表以书面签署，否则不具效力。

（5）第（4）款的规定应适用于以担保方式进行的转让，如同适用于任何其他转让一样。

（6）注册商标的转让或以其他方式传承应与其他私人财产或动产一样可成为押记的对象。

（7）本条例任何规定不得被解释为影响未注册商标作为企业商誉一部分进行转让或其他传承。

第70条 对影响注册商标的交易进行登记

（1）下列人员向注册官提出了申请后：

（a）主张通过可登记交易有权享有注册商标中或注册商标项下利益的人；或

（b）主张因该交易而受影响的任何其他人，

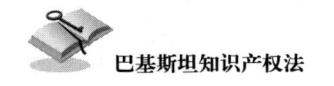

应将规定的交易详情登录注册登记簿。

（2）下列交易为可登记交易：

（a）注册商标或其任何权利的转让；

（b）根据注册商标授予的许可；

（c）就注册商标或注册商标中或注册商标项下任何权利授予任何固定或浮动担保权益；

（d）个人代表就注册商标或注册商标中或注册商标项下的任何权利作出同意；及

（e）高等法院、知识产权裁决机构或其他主管当局作出转让注册商标或注册商标中或注册商标项下权利的命令。

（3）在申请登记规定的可登记交易详情前：

（a）对于在不知情情况下取得该注册商标中或注册商标项下冲突利益的人来说，该交易无效；且

（b）主张因交易而成为被许可人的人不受第69条、第77条或第79条保护。

（4）可以通过规则对下列事项作出规定：

（a）修订与许可有关的登记详情，以反映许可条款的任何变更；及

（b）在下列情况下从注册簿中删除该等详情：

（ⅰ）登记详情显示授予许可为固定期限且该期限届满的；或

（ⅱ）未注明期限的，在可能规定的期限后，注册官已告知当事人其意图从注册簿中删除相关详情。

（5）还可通过规则作出规定，应担保权益受益人的申请或经其同意，修改或从注册簿中删除有关该权益的详情。

第71条　商标作为物权客体的登记申请

（1）第39条第（1）款、第24条第（2）款至第（7）款、第69条和第70条的规定，经必要修改后，适用于商标注册申请，如同适用于注册商标。

（2）在第70条适用的情况下，就影响商标注册申请的交易而言，凡提及在注册簿记入详情及提出登记详情的申请，应解释为提及就该等详情向注册官发出通知。

第9章 商标使用和被许可人

第72条 拟成立公司拟使用商标

（1）注册官确信存在下列任一情况的，商品或服务的商标注册申请，不得仅以申请人似乎不使用或不打算使用该商标为由而被拒绝，亦不得撤销商标注册许可：

（a）公司根据1984年公司法（1984年第47号）或其任何修订成立和登记，且申请人意图向该公司转让商标，以便该公司就该等商品或服务使用商标的；或

（b）申请人意图通过允许使用的方式使用商标。

（2）第73条的规定就根据本款注册的商标具有效力，犹如该条第（1）款（a）项对注册申请人认为商标应由其使用的意图的提述，已被其认为商标应由有关公司或授权使用者使用的提述所取代。

（3）在第（1）款（a）项适用的情况下，裁决机构可要求申请人就与任何异议或上诉有关的任何程序的费用提供担保；未按照规定提供担保的，可视为放弃该申请。

（4）在第（1）款（a）项适用的情况下，商品或服务的商标是以申请人名义以向公司转让商标的意向作为依据而注册的，除非在规定的期间内或在以规定方式向注册官提出申请后允许的不超过6个月的进一步期限内，该公司已注册为商标权人，否则在该期间届满时，该注册即告失效，而注册官须据此修订注册簿。

第73条 注册的撤销

（1）存在下列任一情况的，商标注册可予以撤销：

（a）在完成登记程序后5年内，商标权人或其授权使用者未在巴基斯坦就其注册的商品或服务进行善意使用，且不存在不使用商标的适当理由；

（b）该善意使用已被不间断地暂停5年，且不存在不使用商标的适当理由；

（c）由于商标权人的作为或不作为，该商标在商业经营中就所注册商品或服务成为通用名称；且

（d）由于商标权人或经其同意就注册商标的商品或服务使用商标，有可能误导公众，特别是在该等商品或服务的性质、质量或地理来源方面。

（2）就第（1）款而言，商标的使用应包括以不同元素的形式使用，但不改变商标在其注册形式中的显著特征。

（3）商标注册在5年期限届满后但在提出撤销申请前开始或恢复使用的，不得以第（1）款（a）项或（b）项规定的理由撤销该商标注册，只有在准备开始或恢复使用的工作在商标权人获悉提出申请前就开始了的情况下，才可视为撤销。

（4）撤销申请可由利害关系人向注册官提出，但下列情况除外：

（a）商标相关程序在高等法院或知识产权裁决机构未决的，应向高等法院提出申请；且

（b）向注册官提出申请的，注册官可在程序任何阶段将该申请移转至高等法院。

（5）撤销理由只涉及部分注册商标的商品或服务的，撤销仅涉及该等商品或服务。

（6）商标注册在任何程度范围内被撤销的，商标权人的权利应被视为自下列时间开始在该程度范围内停止：

（a）申请撤销之日；或

（b）注册官或高等法院确信在较早日期存在撤销理由的，自该较早日期。

（7）商标注册以提供恶意担保为理由被撤销或宣告无效的，申请人应自撤销或宣布无效（视情况而定）之日起2年内，禁止就相同或近似商标申请注册。

第74条 由商标权人以外的人使用商标

（1）商标的允许使用应被视为由商标权人使用商标，且不应被视为由商标权人以外的人使用商标，该使用根据本条例或现行有效的任何其他法律是具关键性的使用。

（2）裁决机构在决定将商标使用利益向谁转让时，不得将利益转给除下列人员外的其他任何人：

（a）商标进行注册的，商标所有权人；或

（b）商标作为驰名商标有权受到《巴黎公约》保护的，商标所有人。

第75条 注册商标许可

（1）注册商标使用许可可以是普通许可，也可以是有限许可。

（2）有限许可尤其适用于：
（a）注册商标的部分但不是全部商品或服务；或
（b）以特定方式或在特定地点使用该商标。
（3）除非由授权人或其代表书面签字，否则许可无效。
（4）除非许可另有规定，否则许可应对授权人利益的权利继承人具有约束力。
（5）许可规定的，被许可人可以授权分许可，且在本条例中提及的许可人或被许可人，应包括分许可人或分被许可人。

第 76 条　独占许可的含义

（1）在本条例中，独占许可，指允许被许可人排除所有其他人（包括许可授予人）以许可人授权方式使用注册商标的普通许可或有限许可，且独占被许可人应作相应解释。
（2）独占被许可人应对受许可约束的权利继承人享有相同的权利，如同其针对许可授予人一样。

第 77 条　商标侵权时针对被许可人权利的一般规定

（1）除第 61 条另有规定外，被许可人有权（除非被许可人或其利益来源的任何被许可人另有规定）要求该注册商标权人就影响其利益的任何事项提起侵权诉讼；
但是，商标权人：
（a）拒绝如此行事；或
（b）在要求如此行事后 2 个月内未如此行事的；
被许可人可以其自身名义提起诉讼，如同其是商标权人一样。
（2）被许可人根据本条提起侵权诉讼的，未经高等法院或知识产权裁决机构许可，在未将商标权人作为原告加入或追加为被告前，被许可人不得继续诉讼；
但是，上述规定不得影响就被许可人提起的申请，给予临时救济。
（3）根据第（2）款规定被追加为被告的商标权人，除非其参与诉讼，否则无须承担诉讼中的任何费用。
（4）在注册商标权人提起的侵权程序中，应考虑被许可人遭受的或可能遭受的任何损失，高等法院或知识产权裁决机构可就原告应在多大程度上代

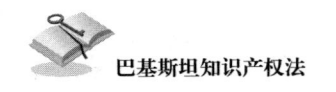

表被许可人持有任何金钱救济的收益作出其认为合适的指示。

（5）独占被许可人根据第 78 条第（1）款享有受让人的权利和救济的，本条规定适用该独占被许可人，如同其未注册商标权人一样。

第 78 条　独占被许可人享有受让人的权利和救济

（1）独占许可可以规定，被许可人在许可规定的范围内，对许可授予后发生的事项享有与许可转让相同的权利和救济，在作出该规定的情况下或在其规定范围内，被许可人有权在不违反许可规定和本条下列规定的情况下，以自身名义对商标权人以外的人提起侵权诉讼。

（2）独占被许可人的任何该等权利和救济应与注册商标权人的权利和救济一致，且在本条例中针对侵权提及的注册商标权人应作相应解释。

（3）在独占被许可人根据本条提起的诉讼中，被告可以提出如果诉讼是由注册商标权人提起时其本可以提出的任何抗辩。

（4）商标权人或独占被许可人就注册商标提起的侵权诉讼完全或部分涉及其同时享有起诉权的侵权行为的，未经高等法院或知识产权裁决机构许可，在另一方作为原告加入或追加为被告前，商标权人或独占被许可人（视情况而定）不得继续诉讼；

但是，上述规定不得影响就商标权人或被许可人提起的申请，给予临时救济。

（5）根据第（4）款规定被追加为被告的人，除非其参与诉讼，否则无须承担诉讼中的任何费用。

（6）就注册商标提起的侵权诉讼完全或部分涉及商标权人和独占被许可人同时享有起诉权的侵权行为的：

（a）高等法院或知识产权裁决机构在评估损害赔偿时，应考虑下列内容：

（ⅰ）许可期限；及

（ⅱ）任何一方就侵权行为已获得或可获得的金钱救济；

（b）法院已就侵犯该等权利向他们当中的另一方判给损害赔偿的，法院不得指示交出所得利润；及

（c）如有交出所得利润的指示，高等法院或知识产权裁决机构应在他们之间的协议规限下基于公正将利润分摊给他们。

（7）无论商标权人和独占被许可人是否作为诉讼的当事双方，第（6）款规定应予以适用，高等法院或知识产权裁决机构可以针对程序的一方当事

人应在多大程度上代表另一方当事人持有金钱救济收益作出其认为适当的指示。

（8）注册商标权人应在申请根据第 48 条作出命令前，通知同时享有起诉权的任何独占被许可人，且在被许可人提出申请后，高等法院或知识产权裁决机构在考虑许可条款后，可根据该条作出其认为适当的命令。

（9）除非独占被许可人和商标权人有任何不同约定，否则第（4）款至第（8）款应具有效力。

第 79 条 放弃注册商标

（1）商标权人可就注册商标的部分或全部商品或服务放弃注册商标。

（2）可以通过规则对下列事项作出规定：

（a）放弃的方式和效力；及

（b）对注册商标享有权利的其他人的权益的保护。

第 80 条 注册无效的理由

（1）商标注册可以以该商标注册违反第 14 条或其任何规定为由而宣告商标注册无效。

（2）商标注册违反第 14 条第（1）款（b）项、（c）项或（d）项的，如果因商标使用而在商标注册后就注册商标的商品或服务获得显著特征的，商标不应被宣布无效。

（3）可以因下列理由，宣布商标注册无效：

（a）存在符合第 17 条第（1）款、第（2）款或第（3）款所列条件的在先商标；或

（b）存在符合第 17 条第（4）款所列条件的在先权利；

但该在先商标或其他在先权利的权利人同意注册的除外。

（4）利害关系人可向注册官、高等法院或知识产权裁决机构提出宣布无效的申请，但下列情况除外：

（a）与所涉商标相关的程序在高等法院或知识产权裁决机构未决的，应向高等法院或知识产权裁决机构提出申请；且

（b）在任何其他情况下，已向注册官提出申请的，注册官可在诉讼任何阶段将申请提交至高等法院或知识产权裁决机构。

（5）无效理由仅针对注册商标的部分商品或服务存在的，该商标应仅就

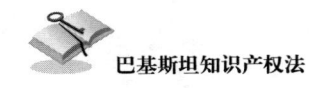

该等商品或服务宣布无效。

（6）商标注册在任何程度被宣布无效的，应在该程度上被视为从未注册，但本规定不影响过去已完成的交易。

第81条 默许的效力

（1）在先商标或其他在先权利的所有人自注册之日起在知悉相关使用的情况下连续5年默许在巴基斯坦使用注册商标的，不再享有下列基于该在先商标或其他权利的任何权利：

（a）申请宣布在后商标注册无效；或

（b）就在后商标已经使用的商品或服务对其使用提出异议；

但在后商标注册属恶意申请或使用的除外。

（2）适用第（1）款的，在后商标权人无权对在先商标的使用或在先权利的利用（视情况而定）提出异议，也不得再针对其在后商标主张在先商标或权利。

第82条 集体商标

（1）集体商标，指将作为商标权人的团体的成员的商品或服务与其他企业的商品或服务区分开来的商标。

（2）本条例的规定适用于集体商标，但附件1另有规定的除外。

第83条 证明商标

（1）证明商标，指表示与其使用有关的商品或服务在原产地、商品制造方式或服务性能、质量、准确度或其他特征方面经商标权人认证的标志。

（2）本条例的规定适用于证明商标，但附件2另有规定的除外。

第84条 域　　名

（1）域名，指一种便于用户使用且可替代互联网地址的标记。

（2）本条例的规定适用于域名，但附件3另有规定的除外。

第10章 《巴黎公约》

第85条 《巴黎公约》和公约国的含义

在本条例中：

（a）《巴黎公约》，指 1883 年 3 月 20 日签订并经不时修改或修订的《保护工业产权巴黎公约》；且

（b）公约国，指除巴基斯坦外的《巴黎公约》公约国。

第 86 条　驰名商标的保护

（1）在本条例中，凡提及有权作为驰名商标受到保护的商标，均指根据《巴黎公约》享有该权利且在巴基斯坦因为其是下列人员的商标而为人所熟知：

（a）公约国国民；或

（b）居住在公约国或在公约国有真实有效的工业或商业营业所；

无论该人是否在巴基斯坦开展业务或具有任何商誉，且提及的该商标权人应加以相应解释。

（2）就本条例而言，裁决机构在确定商标是否为驰名商标时，无须要求该商标在巴基斯坦注册或以销售商品或服务的形式实际使用，应考虑下列因素作为确定该商标驰名地位的相关标准：

（ⅰ）商标在巴基斯坦或世界各地的认可度；

（ⅱ）商标固有的或获得的显著性强度；

（ⅲ）商标在巴基斯坦或世界各地的使用和广告宣传持续期间；

（ⅳ）商标在巴基斯坦或世界各地具有的商业价值；

（ⅴ）商标在巴基斯坦或世界各地使用和广告宣传的地理范围；

（ⅵ）商标在巴基斯坦或世界各地已获得的品质和形象；及

（ⅶ）商标在巴基斯坦或世界各地获得排他性使用和注册，且就相同或近似的商品或服务，是否存在已有效注册或使用的相同或欺骗性近似的第三方商标。

（3）有权作为驰名商标受《巴黎公约》保护的商标的所有人有权在下列情况下通过禁令禁止在巴基斯坦使用与驰名商标相同或欺骗性近似的商标或其主要部分：

（a）针对相同或近似的商品或服务，如果使用可能引起混淆；或

（b）该使用会稀释驰名商标的显著性特征。

（4）根据第（3）款授予的权利须受第 81 条规定的约束，而该款任何规定均不影响继续善意使用在本条例生效前已开始使用的商标。

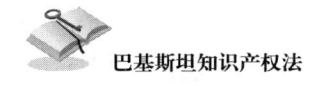

第 87 条　公约国的国徽

（1）由公约国国旗组成或含有公约国国旗的商标，未经该国主管当局授权，不得注册，但注册官认为未经授权允许以拟议方式使用该国旗的除外。

（2）由受《巴黎公约》保护的公约国的纹章或任何其他国家徽章组成或包含的商标，未经该国主管部门授权，不得注册。

（3）由公约国采用的官方标志或标记以及表示控制和保证的标志或标记组成或包含的商标，如该标志或标记受《巴黎公约》保护，未经有关国家主管当局授权，不得就与其表示控制和保证的商品或服务相同或类似的商品或服务进行注册。

（4）本条关于国旗和其他国家徽章以及官方标志或标记的规定，应同样适用于从纹章角度看模仿该旗帜或其他徽章、标记或标记的任何物品。

（5）本条任何内容均不妨碍被授权使用某国国徽、官方标志或标记的该国国民提出的商标注册申请，尽管该商标与另一国商标相似。

（6）根据本条规定商标注册需要或将需要公约国主管当局授权的，该当局有权通过禁止令禁止未经其授权而在巴基斯坦使用该商标。

第 88 条　国际组织的徽章

（1）由受《巴黎公约》保护的任何徽记、缩写或名称组成或包含此类徽记、缩写或名称的商标，未经有关国际组织授权不得注册，除非在注册官看来，以拟议方式使用该徽记、缩写或名称，否则：

（a）没有向公众表明组织和商标之间存在联系；或

（b）不可能就使用者和组织之间的联系程度对公众造成误导。

（2）本条与国际组织徽章有关的规定应同样适用于从纹章角度模仿任何此类徽章的物品。

（3）根据本条规定商标注册需要或可能需要国际组织授权的，该组织应有权通过禁止令限制在巴基斯坦使用未经其授权的任何商标。

（4）本条任何规定不应影响在本条例生效前开始善意使用相关商标的人的权利。

第 89 条　根据《巴黎公约》第 6 条之三发出的通知

（1）就第 87 条而言，仅在下列情况下，公约国除其国旗和官方标志和印记外的国徽，应被视为受《巴黎公约》保护：

（a）相关国家已根据《巴黎公约》第 6 条之三第（3）款通知巴基斯坦其希望保护该国徽、标志或印记；

（b）通知仍有效；且

（c）巴基斯坦未根据《巴黎公约》第 6 条之三第（4）款表示异议，或已撤回该异议。

（2）就第 88 条而言，仅在下列情况下，国际组织的徽章、缩写和名称，应被视为受《巴黎公约》保护：

（a）相关组织已根据《巴黎公约》第 6 条之三第（3）款通知巴基斯坦其希望保护该徽章、缩写和名称；

（b）该通知仍有效；且

（c）巴基斯坦未根据《巴黎公约》第 6 条之三第（4）款表示异议，或已撤回该异议。

（3）根据《巴黎公约》第 6 条之三第（3）款发出的通知仅对收到该通知后 2 个月以上提出的注册申请有效。

（4）注册官应备存下列清单并在所有合理的时间内免费供公众查阅：

（a）国徽和官方标志或印记；及

（b）国际组织的徽记、简称和名称；

其根据《巴黎公约》第 6 条之三第（3）款的通知当前受《巴黎公约》保护。

第 90 条　代理人或代表的行为

（1）商标注册申请人是进口商，或不是第 128 条规定的代理人，或在公约国是商标权人的代表：

（a）且所有权人对申请提出异议的，应拒绝注册；或

（b）申请未被提出异议而获批准的，所有权人可以：

（ⅰ）申请宣布注册无效；或

（ⅱ）申请更正注册簿，以将其名称替代为注册商标权人。

（2）尽管有本条例赋予的权利，但是所有权人仍可通过禁止令禁止在巴基斯坦使用任何未经其授权的商标。

（3）该代理人或代表证明其行为存在正当理由的，不适用第（1）款或第（2）款的规定。

（4）根据第（1）款（a）项或（b）项提出的申请，应在所有权人获悉该注册后 3 年内提出，所有权人默许使用连续 3 年或以上的，不得根据第（2）款发出禁止令。

第 91 条　商标适用的商品或服务的性质

就根据本条例注册商标而言，拟应用商标的商品或服务的性质，在任何情况下均不会对该商标的注册构成障碍。

第 92 条　商　　号

商号无论是否构成商标的一部分，均应受到保护，而无须根据本条例进行备案或注册。

第 10A 章　商标国际注册

第 92A 条　《马德里议定书》规定的国际注册

本章规定适用于《马德里议定书》规定的国际申请和国际注册。

第 92B 条　定　　义

在本章中，除非上下文另有要求，否则：

（ⅰ）申请，是指与缔约国或缔约组织相关的申请，即由该缔约国的公民，或居住在该国或在该缔约组织成员国拥有真实有效的工业或商业机构的人提出的申请，具体视情况而定。

解释：出于本款目的，真实有效的工业或商业机构，是指任何进行真实正当工业或商业活动的机构，不一定要是主要营业地点；

（ⅱ）基础申请，指根据第 22 条提出的商标注册申请，可作为申请国际注册的依据；

（ⅲ）基础注册，指根据第 33 条注册的商标，可作为申请国际注册的依据；

（ⅳ）共同规则，指《关于商标国际注册的马德里协定》和有关该协定的《议定书》下的共同规则；

（ⅴ）缔约组织，指缔约方是一个政府间组织；

（ⅵ）缔约方，指《马德里议定书》的缔约国或缔约组织的缔约方；

（ⅶ）缔约国，指《马德里议定书》的缔约国家；

（ⅷ）指定，及其语法变化，是指根据《马德里议定书》第 3 条之三的第（1）款或第（2）款的延伸保护的请求，也指国际注册中记录的此类延伸；

（ⅸ）指定的缔约方，指根据《马德里议定书》第 3 条之三的第（1）款或第（2）款的延伸保护已被请求的缔约方或在国际注册中记录此类延伸的国家；

（ⅹ）国际申请，指根据《马德里议定书》向任何缔约方提出的国际注册申请或延伸保护的申请；

（ⅺ）国际局，指世界知识产权组织的国际局；

（ⅻ）国际注册，指根据《马德里议定书》在国际局的注册商标；

（ⅹⅲ）马德里协定，指于 1891 年 4 月 14 日在马德里通过并随后修订和修改的《关于国际商标注册的马德里协定》；

（ⅹⅳ）《马德里议定书》，指于 1989 年 6 月 27 日在马德里通过并随后修订和修改的《商标国际注册马德里协定有关议定书》；

（ⅹⅴ）原始办事处，指根据《马德里议定书》第 2 条第（2）款规定的提交国际申请的办事处。

第 92C 条　商标注册处处理国际申请

国际申请应由商标注册处或知识产权组织指定的该注册处的分支机构处理。

第 92D 条　源自巴基斯坦的国际申请

（1）根据第 22 条提出商标注册申请或根据第 33 条的注册商标，申请人或注册所有人可以按照共同规则规定的形式提出该商标的国际注册申请。

（2）持有国际注册的人可以按照共同规则规定的形式提出延伸保护的国际申请，将这种保护延伸到任何其他缔约方。

（3）根据第（1）款或第（2）款的国际申请应指定需要保护的缔约方。

（4）注册官应在规定的方式下证明国际申请中的内容与第 22 条下的申请或第 33 条下的注册在认证时的内容相符，并应指明该申请的日期和编号，或者该注册的日期和编号以及导致该注册的申请的日期和编号，并在规定的期限内将国际申请转发给国际局进行注册，并指示国际申请日期。

（5）在国际注册的 5 年期满之前的任何时候，无论此注册是否已转让给其他人，根据第 22 条或第 33 条的申请，在所有或部分国际注册列出的商品或服务方面已经撤销、取消、过期或最终拒绝（视情况而定）的，该国际注册的保护将终止；

如果针对注册决定提出上诉，或另 在国际注册的 5 年期限到期之前撤销申请或对申请提出异议的行动已经启动，在国际注册的 5 年期限到期前，任何导致撤销、取消、过期或拒绝的最终决定都应视为已发生。

（6）在国际注册的 5 年期限内，注册官应向国际局传送有关第（5）款的所有信息。

（7）注册官应根据基础申请或基础注册的当前状态（视情况而定），将取消国际注册的生效通知国际局。

第 92E 条　指定巴基斯坦的国际注册

（1）在国际局通知巴基斯坦已被指定的任何国际注册后，注册官应以规定的方式记录该国际注册的详细信息。

（2）在记录了第（1）款中提及的任何国际注册的详细信息后，如果注册官确信在该案件情况下应该不授予商标在巴基斯坦的保护，或者应授予的保护应附条件或限制，或者应受到与国际注册被接受的条件或限制相补充或不同的条件，则他可以在听取申请人的意见后，在收到第（1）款通知之日起 18 个月内拒绝授予保护，并以规定的方式通知国际局。

（3）如果在国际注册的详细信息中未发现任何理由拒绝根据第（2）款授予保护，则注册官应在规定期限内以规定方式予以公告。

（4）根据第 14 条至第 31 条（均包括在内）和第 82 条至第 83 条的规定，适用于国际注册，如同国际注册是根据第 22 条申请商标注册。

（5）当国际注册保护未被拒绝，或当拒绝通知的时间已超期时，注册官应在收到第（1）款通知后 18 个月内，通知国际局接受对国际注册商标保护的延伸，如果注册官未通知国际局，则应视为已延伸保护该商标。

（6）指定巴基斯坦的国际注册应享有《巴黎公约》第 4 条规定的优先权，并免除遵守该条 D 节中规定的形式。

（7）同一商标的注册所有人对就其在国家注册的所有商品或服务进行国际注册，并指定巴基斯坦的，国际注册应从注册之日起视为取代巴基斯坦现有的注册，但不损害在此之前获得的任何权利，并且在申请人的要求下，注册官应在第 6 条第（1）款所述的登记簿中进行必要的记录。

（8）指定巴基斯坦且并未在巴基斯坦境内获得延伸保护的国际商标注册持有人，将享有与根据第 22 条申请注册商标且未在第 33 条下获得注册的任何人所拥有的救济权利相同的救济措施。

（9）在国际注册期限届满 5 年之前的任何时候，无论该注册是否已转让给其他人，就国际注册所列全部或部分商品或服务，与国际注册有关的基础申请或在除巴基斯坦以外的缔约方的基础注册已被撤销、取消、过期或最终拒绝（视情况而定）的，该国际注册在巴基斯坦的保护将停止生效。

第 92F 条　国际注册的效力

（1）自指定巴基斯坦的商标国际注册的日期或记录在国际局的关于商标国际注册对巴基斯坦的保护延伸的登记日期起，该商标在巴基斯坦的保护应与该商标在巴基斯坦注册的情况相同。

（2）由申请人提供的商品和服务类别的指示不得约束注册官确定商标保护范围的权利。

第 92G 条　国际注册的期限和续展

（1）商标在国际局的国际注册期限为 10 年，可以在前一期限届满后续展 10 年。

（2）按照规定支付附加费用，允许 6 个月的国际注册续展宽限期。

第 92H 条　转　　换

根据《马德里议定书》第 9 条之五向商标官提交的商标注册申请的提交日期，应为已取消的国际注册的日期；如果国际注册享有优先权，则该申请应享有相同的优先权。

第 92I 条　国际注册文件摘录

（1）国际局出具的国际注册文件摘录在巴基斯坦免除任何认证手续。

（2）在巴基斯坦作为指定缔约方的国际注册的所有与商标相关的法律诉讼中，国际注册文件中记录的个人作为其所有人的事实，应作为该商标国际注册的有效性和所有随后的转让和转移的初步证据。

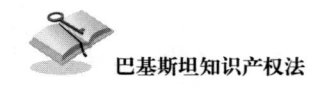

第 11 章　纺织品的特别规定

第 93 条　纺织品

行政区域应规定在本章中称为纺织品的商品类别，本章的规定适用于与之相关的商标使用，并在所述规定下，本条例的其他规定适用于该等商标，如同其适用于其他类别商品所使用的商标一样。

第 94 条　对纺织品的注册限制

（1）就作为布匹的纺织品而言：
（a）单独由线条组成的商标不得注册为商标；
（b）线条不应被视为适用于区分；且
（c）商标注册不得给予线条专有使用权。
（2）就任何纺织品而言，字母或数字或字母与数字组合的注册应受到可能规定的条件和限制的约束。

第 95 条　咨询委员会

（1）行政区域可按规定的方式，出于本章的目的，成立一个或多个由熟悉纺织业惯例的人士组成的咨询委员会。
（2）注册官应就纺织商品的商标注册申请中出现的任何纺织业特有情况，征求任何此类咨询委员会的意见。
（3）任何此类咨询委员会的会议地点和事务处理方式应按规定确定。

第 12 章　注册簿的更正和修改

第 96 条　注册簿的更正或修改

（1）有充分利害关系的人均可以申请更正注册簿中的错误或遗漏。
但不得就影响商标注册有效性的事项，提出更正申请。
（2）可以向注册官提出更正申请，但下列情况除外：
（a）与所涉商标相关的程序在高等法院或知识产权裁决机构未决的，应向高等法院或知识产权裁决机构提出申请；且
（b）已向注册官提出申请的，注册官可在诉讼任何阶段将申请提交至高等法院或知识产权裁决机构。

（3）除非注册官或高等法院或知识产权裁决机构另有指示，否则更正注册簿后，相关错误或遗漏应视为从未发生过。

（4）注册商标权人或被许可人如以规定的方式提出申请，注册官可将其名称或地址的任何更改记录在注册簿内。

第97条　采用新分类记项

（1）注册官如认为有需要，可出于注册商标的目的，按规定实施任何经修订或替代的商品或服务分类。

（2）注册簿上的现有记项可予以修订，以记录可能规定的任何新分类。

（3）第（2）款和第（3）款所述任何修订权力的行使不得扩大注册所赋予的权利，但注册官认为遵从该规定会牵涉过度复杂性，且任何扩大不属于实质性，亦不会对任何人的权利造成不利影响的除外。

（4）注册官可以：

（a）要求注册商标权人在规定时间内提交注册簿修订建议；及

（b）未如此行事的，取消或拒绝续展商标注册。

（5）第（4）款所述任何建议均应予以公布，并可按规定方式提出异议。

第13章　违法、处罚和程序

第98条　应用商品说明的含义

（1）存在下列任一行为的，应被视为将商品说明应用于商品或服务：

（a）将商品说明应用于商品本身或针对商品或服务而使用；

（b）将商品说明应用于出售、为出售而展示、为出售或为任何贸易或制造而持有的任何包装，或与之一起出售；

（c）在应用商品说明的任何包装或其他物品中或与之一起放置、装入或附加用于出售、为出售而展示、为出售或任何贸易或制造而持有的任何商品；

（d）以任何方式使用商品说明，使人合理地相信与该商品说明有关的商品或服务是由该商品说明设计或描述的；或

（e）就商品或服务而言，在任何标志、广告、发票、目录、商业信函、价目表或其他商业文件中使用商品说明，并且按照参照所使用商品说明提出的要求或订单向他人交付货物或提供服务。

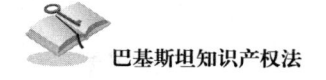

（2）商品说明无论是织在、印在、以其他方式加工成，还是附在或贴在商品或任何包装或其他东西上的，均应视为应用于商品。

第 99 条　应用虚假商品说明等的处罚

有下列任一行为的：

（a）将任何虚假商品说明应用于商品或服务；

（b）将国家、地点、名称或地址的虚假显示应用于任何根据第 126 条规定必须标明制造或生产商品的国家或地点或制造商或为其制造商品的人的名称和地址的商品；

（c）篡改、修改或涂改根据第 126 条规定应用于任何商品的产地标记；或

（d）促使任何上述事项发生；

除非其能证明其行为没有欺诈意图，否则将被处以 3 个月以上 2 年以下监禁，或处以 5 万卢比以上罚金，或两者并处。

第 100 条　对第二次或以后定罪的加重处罚

已被判定犯有第 99 条规定罪行的，如再次被判定犯有任何该罪行，应对第二次及以后每一次罪行处以 6 个月以上 3 年以下监禁，或处以 10 万卢比以上罚金，或两者并处。

第 101 条　对伪造注册簿记项的处罚

在注册簿中作出或促使作出虚假记项，或作出或促使作出任何书面记录，伪称是注册簿记项的副本，或是注册簿记项副本的文字，或出示或提交或安排出示或提交任何该等书面记录作为证据，而明知该记项或书面记录是虚假的，应处以 3 个月以上 2 年以下监禁，或处以 5 万卢比以上罚金，或两者并处。

第 102 条　错误陈述商标已注册的处罚

（1）任何人不得就下列内容作出下列陈述：

（a）就不属于注册商标的商标，表明其是注册商标；

（b）就并非作为商标单独注册的部分注册商标，表明该部分单独作为商标注册；

（c）就事实上没有注册商标的任何商品或服务，表明注册商标已进行注册；或

（d）表明商标注册赋予任何情况下的商标专有使用权，但在考虑到记入注册簿中的限制后，该注册事实上并未赋予该权利。

（2）违反第（1）款规定的，应处以1个月以上6个月以下监禁，或处以2万卢比以上罚金，或两者并处。

（3）就本条而言，在巴基斯坦使用"注册"一词或任何其他明示或默示提及注册的其他措辞的，应被视为在注册簿中的注册，但下列情况除外：

（a）该词或其他措辞与其他词直接联系使用，而该其他词至少与该词或其他措辞的字符一样大，并且表明该提及针对的是根据巴基斯坦以外某国家的法律作出的商标注册，而在该国家，根据其法律该提及所指的注册事实上是有效的；

（b）该其他表达本身显示该提及是指（a）项提到的注册；或

（c）该词指就根据巴基斯坦以外某国家的法律注册为商标的标记，以及就将出口往该国家的商品或供在该国家使用的服务而使用的。

（4）注册官可主动或在接获书面投诉后，传召任何被指称违反第（1）款（a）项至（d）项任何规定的人提出理由，说明为何不应对其采取行动；

但是，注册官的权力应限于第（2）款规定的限额，或在待定的情况下，拒绝商标注册申请，或在商标已注册的情况下，宣布注册无效，或视情况而定，采取多种措施。

第103条　政府徽号和国徽的使用限制

未经正式授权，在任何贸易、业务、职业或专业中：

（a）以可能造成误导的方式使用巴基斯坦国旗；

（b）使用政府徽号或与该徽号非常相似以致相当可能会使人受骗的徽号，而使用方式相当可能会令人相信该人被按照规定授权使用政府徽号；

（c）"Quaid-i-Azam Mohammad Ali Jinnah"或"Allama Dr. Mohammad Iqbal"的姓名、头衔和外貌，或其任何变体，或任何纹章、徽记或头衔，其方式可能会令人相信该人受雇于联邦政府或任何省政府或任何该政府的任何部门，或向其供应货物，或与之有关；或

（d）联合国或联合国设立的任何附属机构或世界卫生组织或世界知识产权组织或世界贸易组织的徽章、正式印章和名称或名称的任何缩写，其使用

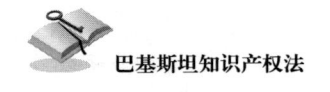

方式可能会令人相信其已被该等组织的主管当局按照规定授权使用该徽章、印章或名称；

该人可在注册官或任何获准使用该徽号、纹章、徽记或头衔的人提出诉讼时，以禁止令限制其继续如此使用上述物品；

但本条任何规定不得解释为影响含有该徽号、纹章、徽记或头衔的商标权人继续使用该商标的权利（如有）。

第104条 公司犯罪

（1）公司犯本条例所订罪行的，该公司和在犯案时负责处理该公司业务的每一名主管和负责人，均应视为犯了该罪行，并可据此被检控和惩罚；

但如果其能证明罪行是在其不知情的情况下实施的，或其已尽一切努力防止该罪行发生的，本款任何规定均不会使任何该人受到任何惩罚。

（2）尽管第（1）款有任何规定，但是公司犯有罪行，且能够证明该罪行是在公司任何董事、经理、秘书或其他高级人员的同意或纵容下发生的，或该罪行的发生可归因于公司任何董事、经理、秘书或其他高级人员的任何疏忽的，该董事、经理、秘书或其他高级人员亦应被视为犯有该罪行，并应受到检控及惩罚。

解释：

就本条而言：

（a）公司，指任何法人团体，包括合伙企业、商号或其他个人联合体；

（b）董事，就商号而言，指该商号的合伙人。

第105条 对犯罪行为判给赔偿的权力

（1）在根据本条例提起的任何诉讼中，高等法院或知识产权裁决机构在判处罚金时，可指示向权利被侵犯的人或该人的继承人或法律代表支付不超过其判处罚金50%但与该人所受损失相对应的金额作为赔偿。

（2）根据第（1）款支付赔偿时，不得影响其在高等法院或知识产权裁决机构就同一事项可能提起或待决的诉讼或其他程序中提出任何索赔的权利。

第106条 在巴基斯坦教唆在境外实施行为的惩罚

在巴基斯坦境内教唆在巴基斯坦境外实施如在巴基斯坦境内实施根据本条例将构成犯罪的任何行为的，可在巴基斯坦境内任何地方以教唆罪对其进行审判,并处以如果其本人在该地实施教唆行为所应受到的惩罚。

第 107 条 不适当描述营业地点与商标注册处有关系的处罚

在营业地或在签发的任何文件上,或以其他方式,使用会使人合理地相信其营业地是商标注册处,或与该处有正式联系的文字的,即为犯罪,可处以 2 年以下监禁,或处以罚款,或两者并处。

第 14 章 其他条款和一般性规定

第 108 条 注册官要求使用表格的权力

(1) 注册官可要求使用其为任何目的而指示的表格,而该等表格是与商标注册或根据本条例在其面前进行的任何其他法律程序有关的。

(2) 表格和注册官关于其使用的任何指示应以规定的方式通知。

第 109 条 与申请和注册商标有关的信息

(1) 在商标注册申请公布后,注册官应根据请求向请求人提供请求中可能指明的与该申请或由该申请产生的任何注册商标有关的资料,并允许其查阅与该申请有关的文件,但须遵守可能规定的限制。

(2) 根据第(1)款提出的任何请求,须以规定的方式提出,并附有规定的费用。

(3) 在公布商标注册申请前,注册官不得公布构成该申请或与该申请有关的文件或资料,也不得将该文件或资料传达给任何人,但下列情况除外:

(a) 在规定的情况和范围内;或

(b) 经申请人的同意;

但须符合第(4)款的规定。

(4) 某人被告知已提出商标注册申请,且该申请如获准申请人将就该申请公布后的行为对其提起诉讼的,尽管该申请尚未公布,但是其仍可根据第(1) 款提出请求,并相应地适用该款规定。

第 110 条 费用、费用担保和罚金

(1) 可通过规则作出规定,授权注册官在根据本条例向其提出的任何程序中:

（a）判给任何一方当事人其认为合理的费用；

（b）强加其认为合理的条件；及

（c）指示支付费用或罚金的方式和支付方。

（2）注册官的任何该等命令可与民事法院的判决一样执行。

（3）可通过规则作出规定，授权注册官在规定的情况下，要求在其面前进行诉讼程序的一方就该程序或上诉程序的费用提供担保，并规定不提供担保的后果。

第111条 注册官席前的程序

（1）在根据本条例向注册官提出的所有程序中：

（a）注册官拥有民事法院的一切权力，以便接受证据、主持宣誓、强制证人出庭、强制披露和出示文件、为审查证人而发出委托，以及颁发有争议的有效证书；

（b）证据应以宣誓书方式提供。

（2）在规定时间内以书面形式要求注册官行使本条例或根据本条例制定的规则赋予其的任何权力的，注册官不得在未给予该方陈述意见机会的情况下，以对出现在其席前的任何一方不利的方式行使该权力。

第112条 有争议的注册有效证书

在任何法律程序中，商标注册有效性受到质疑，且所作决定有利于商标权人的，裁决机构可为此颁发证书；颁发该证书后，在随后质疑上述有效性的任何法律程序中，该商标权人在获得对其有利的最终命令或判决后，除非该最终命令或判决因充分的理由另有指示，否则有权获得其全部成本、费用和开支，按法律从业者和客户之间的标准计算。

第113条 注册官出席涉及注册簿的程序

（1）在向法院提起涉及下列方面申请的所有程序中：

（a）撤销商标注册申请；

（b）宣布商标注册无效；或

（c）更正注册簿，

注册官有权出席和陈词，且如果高等法院指示，应出席。

（2）除非高等法院另行指示，否则注册官可以向高等法院提交由其书面签字的陈述书以代替出庭，而该陈述书应提供下列详情：

（a）就争议事项，向注册官提出的任何程序；

（b）由注册官作出对争议事项有影响的决定理由；

（c）商标注册处在类似案件中的做法；或

（d）其作为注册官认为适当的争议相关事项和其所知的事项；

且该陈述书应被视为构成诉讼证据的一部分。

（3）注册官根据本条获授权或可能获授权或被要求作出的任何事项，均可由其按照规定授权的人员代为作出。

第114条　对注册官决定的上诉

（1）除非本条例另有明确规定，否则应在规定期限内，就注册官根据本条例或根据本条例所订立的规则作出的任何决定，向具有司法管辖权的高等法院提起上诉；

但高等法院或知识产权裁决机构正在审理与受质疑商标有关的任何诉讼或其他程序的，应向该高等法院或知识产权裁决机构所处司法管辖区内的高等法院（视情况而定）提起上诉。

（2）在注册申请人对注册官根据第21条、第22条或第28条所作决定提出的上诉中，除非得到高等法院明确许可，否则注册官或反对上诉的任何一方均可提出除上述决定中记录的理由或该方在注册官审理程序中所提理由以外的其他理由；提出任何该等补充理由的，注册申请人在以规定方式发出通知后，可撤回其申请，而无须支付注册官或反对其申请的各方的费用。

（3）在符合本条例的规定和根据本条例制定的规则的前提下，1908年民事诉讼法（1908年第5号）的规定适用于根据本条例向高等法院或知识产权裁决机构提出的上诉。

第115条　向联邦政府提起的程序

在根据本条例在联邦政府进行的所有程序中，证据应以宣誓书的形式提供，但联邦政府如认为合适，可取得口头证据以代替宣誓书证据，或作为宣誓书证据的补充，并出于此目的拥有第111条（a）项所述的民事法庭的所有权力。

第 116 条　在特定案件中选择向高等法院、知识产权裁决机构或注册官提出申请的程序

根据本条例，申请人可选择向高等法院、知识产权裁决机构或注册官提出申请：

（a）但任何有关该商标的诉讼或程序在高等法院或知识产权裁决机构待决的，该申请须向高等法院或知识产权裁决机构（视情况而定）提出；及

（b）在任何其他情况下，申请是向注册官提出的，其可在程序任何阶段将该申请转交给高等法院或知识产权裁决机构。

第 117 条　向知识产权裁决机构提起侵权诉讼

任何侵犯商标或与商标的任何权利有关的诉讼，均不得在对案件审理有管辖权的知识产权裁决机构的下级法院提起。

第 118 条　在向高等法院或知识产权裁决机构提起程序中的注册官费用

在根据本条例向高等法院或知识产权裁决机构提起的所有程序中，注册官的费用应由高等法院或知识产权裁决机构（视情况而定）酌情决定，但不得命令注册官支付任何当事方的费用。

第 119 条　商标使用的证明责任

在根据本条例提起的任何程序中，就注册商标的使用提出问题的，应由所有权人证明注册商标的使用。

第 120 条　作为公务员的特定人员

根据本条例任命的人应被视为巴基斯坦刑法典（1860 年第 45 号）第 21 条所指的公务员。

第 121 条　供公众查阅的文件

（1）除非在本条例中另有规定，否则：

（a）注册簿和以注册簿记项为依据的任何文件；

（b）针对商标注册的任何异议通知书，向注册官提出的更正申请、与之相关的抗辩书，以及当事方在向注册官提起的任何程序中提供的任何宣誓书

或文件；

（c）注册官在公告中指明的其他文件；

在符合规定的条件下，应在商标注册处公开可供公众查阅的其他文件。

（2）在向注册官提出申请并且在支付规定费用后，任何人均可获得注册簿任何记项或在第（1）款中提及的任何文件的核证副本。

第122条 根据本条例提起的任何程序的一方当事人死亡

如果根据本条例进行的任何法律程序（并非在高等法院或知识产权裁决机构进行的任何程序）的一方当事人在程序进行中死亡，注册官根据要求并在获得证据令其信纳死者的权益已经传承的，可在该程序中以其权益继承人取代死者，或注册官认为死者的权益已由尚存各方充分代表的，可允许该程序继续进行，而无须以其权益继承人取代。

第123条 时间的延长

（1）注册官在收到以规定方式向其提出的申请并随附订明费用后，信纳有充分理由延长作出任何并非本条例明文规定的作为的时间的，不论如此指明的时间是否已届满，其均可在其认为合适的条件规限下，延长该时间，并据此通知有关各方。

（2）第（1）款不得视为要求注册官在处理延长时间的申请前听取各方意见，不得对注册官根据本条发出的任何命令提出上诉。

第124条 不得强迫注册官和其他人员出示注册簿等

注册官或商标注册处的任何人员，在其并非诉讼一方的任何程序中，不得强迫其出示注册簿或由其保管的任何其他文件，而该等文件的内容可借出示根据本条例发出的经核证副本而予以证明，亦不得强迫其出庭作证，以证明其中所记录的事项，但高等法院或知识产权裁决机构就特别案件作出命令的除外。

第125条 要求商品标明产地标记的权力

（1）联邦政府可在官方公报中发出通知，要求通知中规定的任何种类商品，凡在巴基斯坦境外制造或生产并进口到巴基斯坦的，或在巴基斯坦境内制造或生产的，应自通知指定的日期起不少于3个月，在商品上注明

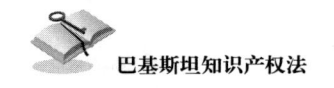

制造或生产该等商品的国家或地点，以及制造者或为其制造商品的人的姓名和地址。

（2）根据第（1）款发出的通知，可具体说明应用该等标记的方式，即是对商品本身还是以任何其他方式应用，以及必须有标记的时间或场合，即是仅在进口时，还是在销售时，仅在批发时，还是在零售时，还是两者兼而有之。

（3）1897年通用条款法（1897年第10号）第23条的规定，应适用于根据第（1）款发出的通知，如同该等规定适用于制定规则或细则，而制定这些规则或细则的条件是事先公布。

（4）根据第（1）款发出的通知，不适用于在巴基斯坦境外制造或生产并进口到巴基斯坦的商品，如果知识产权组织总干事、知识产权执法总监、海关督察、海关知识产权执法总监或根据1969年海关法（1969年第4号）的任何主管当局在进口时信纳其是打算出口的，不论是在巴基斯坦转运或过境后还是其他情况。

第126条　送达地址

（1）在根据本条例进行的任何程序中，每个申请人或对方当事人，如果不在巴基斯坦境内居住或开展业务，则应提供在巴基斯坦境内送达的地址，就与有关法律程序有关的所有目的而言，该地址可被视为该人的实际地址。

（2）送达地址应被视为申请人或对方当事人的地址，且与申请或异议通知有关的所有文件均可通过递交或通过挂号信方式发送至申请人的送达地址（视情况而定）。

第127条　商标代理人

（1）根据本条例或在本条例项下应由任何人作出的任何行为（作出任何宣誓书除外），该行为除由该人亲自作出外，可在规定条件的规限下，由已按订明方式在商标注册处注册为商标代理人的正式获授权代理人代替该人作出。

（2）联邦政府可通过在官方公报上发布通知，制定关于商标代理资格、注册和行为的规则。

第128条　费　　用

（1）须就本条例项下的申请和注册及其他事项缴付订明的费用。

（2）可以通过规则对下列事项作出规定：
（a）就两项或多项事项支付一笔费用；及
（b）返还或免除费用的情况。

第 129 条　对联邦政府和省政府具有约束力

本条例的规定应对联邦政府和省政府具有约束力。

第 130 条　与任何其他政府达成互惠安排的权力

在不损害 1994 年《与贸易有关的知识产权协定》第 3 条和第 4 条的情况下，联邦政府可通过在政府公报上发出通知为本条例与其他政府达成互惠安排。

第 131 条　高等法院制定规则的权力

高等法院可以就其根据本条例向其提出的所有程序订立与本条例规定一致的规则。

第 132 条　联邦政府制定规则的权力

（1）联邦政府可在符合事先公布的条件的情况下通过在政府公报上发布通知为实现本条例制定规则。

（2）特别是在不损害上述权力一般性规定的情况下，该等规则可以规定如下所有或任何事项：

（ⅰ）根据第 10 条第（1）款纳入注册簿中的事项；

（ⅱ）根据第 10 条第（5）款注册簿供公众查阅所受的条件和限制；

（ⅲ）根据第 12 条商品和服务国际分类规定对商品和服务进行的分类；

（ⅳ）根据第 12 条第（2）款公布按字母顺序排列的商品和服务分类索引；

（ⅴ）注册官根据第 16 条通知将某个词语作为国际非专利商标名的方式；

（ⅵ）根据第 22 条第（1）款提出商标注册申请的方式；

（ⅶ）根据第 25 条第（2）款（a）项提出公约申请的方式和期限；

（ⅷ）基于根据第 25 条第（7）款提出的公约申请与主张优先权方式有关的事项；

（ⅸ）在根据第 26 条第（4）款展出期间就商品或服务提供临时保护的

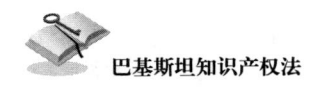

条件；

（ⅹ）根据第 28 条第（2）款向注册官发出反对根据第 28 条第（1）款刊登广告或重新刊登广告的注册申请的通知的方式，以及须就该申请缴付的费用，根据第 28 条第（2）款提出延期申请，以及须就该申请缴付的费用；

（ⅺ）向申请人送达通知副本的方式、根据第 28 条第（4）款提出的延期申请以及为该申请所需缴纳的费用，发送关于该申请的理由和所需缴纳费用的反陈述；

（ⅻ）向对方当事人送达反对陈述的方式、第 28 条第（5）款规定的延期申请以及为该申请所需缴纳的费用，向注册官发送反对陈述；

（ⅹⅲ）根据第 28 条第（6）款向申请人送达反驳书副本的方式；

（ⅹⅳ）根据第 28 条第（7）款提交任何证据的方式和提交此类证据的时间限制；

（ⅹⅴ）根据第 28 条第（9）款允许改正异议通知、反对陈述或反驳书中任何错误或任何修订的方式；

（ⅹⅵ）根据第 30 条第（b）款（ⅰ）项通知注册官的方式；

（ⅹⅶ）根据第 33 条第（1）款申请注册的时间；

（ⅹⅷ）根据第 33 条第（2）款应支付的费用和应支付的时间；

（ⅹⅸ）根据第 33 条第（4）款公布注册的方式和注册证明的格式；

（ⅹⅹ）根据第 33 条第（5）款发出通知的方式；

（ⅹⅺ）根据第 35 条第（2）款将续展注册的到期日期告知注册商标权人的方式；

（ⅹⅻ）根据第 35 条第（3）款支付额外续展费用的额外期间；

（ⅹⅹⅲ）根据第 35 条第（6）款恢复从注册簿中删除注册的方式和条件；

（ⅹⅹⅳ）根据第 37 条第（3）款公布变更和主张因变更受影响的任何人提出反对意见有关的事项；

（ⅹⅹⅴ）根据第 38 条第（2）款发送弃权书的方式和效力，以及保护对注册商标享有权利的其他人的利益的方式和效力；

（ⅹⅹⅵ）根据第 59 条第（2）款（a）项申请人通过向知识产权组织总干事、知识产权执法总监、海关督察、海关知识产权执法总监或根据 1969 年海关法（1969 年第 4 号）的任何主管当局发出通知同意放行商品的时间期间；

（ⅹⅹⅶ）根据第 70 条第（1）款和第（3）款在注册簿中填写的交易详情；

（ⅹⅹⅷ）根据第 70 条第（4）款和第（5）款中规定的事项；

（xxix）根据第 72 条第（4）款提出申请和就该申请应支付费用的方式；

（xxx）根据第 93 条对商品进行的分类；

（xxxi）根据第 94 条第（2）款纺织品的字母或数字或其任何组合可获准登记的条件和限制；

（xxxii）根据第 95 条第（1）款成立一个或多个咨询委员会的方式，及根据该条第（3）款召开会议和开展业务相关事项的方式；

（xxxiii）根据第 96 条第（4）款提出申请的方式；

（xxxiv）根据第 97 条第（1）款对商标进行注册而言，与注册官授权实施其认为必要的事项以便于对商品或服务进行任何修订或替换分类有关的事项；

（xxxv）根据第 97 条第（4）款（a）项提出修订建议的时间；

（xxxvi）根据第 97 条第（5）款提出反对意见的方式；

（xxxvii）根据第 108 条第（2）款注册官告知表格和就其使用作出任何指示的方式；

（xxxviii）根据第 109 条第（1）款强加限制、提出申请和支付款项的方式；

（xxxix）根据第 109 条第（3）款商标注册申请、构成申请的文件或信息或与申请有关的文件或信息可由注册官公布或传达给任何人的情况和范围；

（xl）根据第 110 条第（1）款而言与向注册官赋予权利有关的事项；

（xli）有关授权注册官要求在其席前进行程序的一方就该等程序或上诉程序提供费用担保的事项，以及不根据第 110 条第（3）款提供担保的后果；

（xlii）对注册官根据本条例或根据本条例制定的规则作出的任何决定向或根据第 114 条第（1）款具有管辖权的高等法院提出上诉的期限；

（xliii）根据第 114 条第（2）款发出通知的方式；

（xliv）根据第 121 条第（1）款所列文件供公众查阅的条件；

（xlv）根据第 121 条第（2）款获得核证副本应支付的费用；

（xlvi）根据第 123 条第（1）款提出申请和支付申请费用的方式；

（xlvii）根据第 127 条第（1）款由正式授权代理人实施除作出任何宣誓书之外的任何行为的条件；

（xlviii）根据第 127 条第（2）款与商标代理人资质、注册和行为有关的事项；

（xlix）根据第 128 条第（1）款提出申请、注册和其他事项应支付的费用；

（1）根据第 128 条第（2）款与就两项或多项事项支付单独费用相关的事项和返还或免除费用的情况；

（li）根据附件 1 第 5 条第（2）款制定必须遵守规章的进一步要求；

（lii）根据附件 2 第 6 条第（2）款制定必须遵守规章的进一步要求；

（liii）根据附件 3 第 2 条第（3）款对互联网相关计算机服务进行确定和分类的程序；

（liv）根据附件 4 第 2 条第（2）款和第 9 条第（2）款制定填写记项的程序；

（lv）根据附件 4 第 11 条第（2）款提出申请和支付申请费用的方式；

（lvi）在注册簿中填写额外信息；

（lvii）注册官根据本条例判给费用的规定；

（lviii）与设立注册处分支机构有关的事项；

（lix）在根据本条例向注册官、知识产权组织提起的程序中，提出申请、发出通知和告知事项的方式；

（lx）与本条例要求告知的时间或期限有关的事项；

（lxi）与商标注册处或其分支机构业务有关的事项和监管根据本条例规定由注册官或知识产权组织酌情处理的一切事项；及

（lxii）要求规定或可能规定的任何其他事项。

第 133 条　过渡性事项

在本条例生效时，附件 4 的规定对过渡性事项，包括根据 1940 年商标法（1940 年第 5 号）注册的商标的处理，以及根据该法提出的注册申请和其他待决程序，具有效力。

第 134 条　废除和保留

（1）特此废除 1940 年商标法（1940 年第 5 号）。

（2）在本条例生效时存在的商标注册处及其分支机构应继续，如同其是根据本条例成立的一样。

（3）委任至根据 1940 年商标法（1940 年第 5 号）设立的商标注册处的注册官、其他官员和任何其他人员应被视为委任至根据本条例设立的商标注册处。

附件1 集体商标

第1条 总 则
本条例的规定应适用于集体商标，但本附件另有规定的除外。

第2条 构成集体商标的标志
就集体商标而言，第2条（xlvii）项提及地将一个企业的商品或服务与其他企业的商品或服务进行区分，应解释为对作为商标权人的社团成员的商品或服务与其他企业的商品或服务进行区分。

第3条 地理来源标记
（1）尽管有第14条第（1）款（c）项的规定，但是可注册的集体商标也可以由区分商品或服务的地理来源的标志或标记组成。

（2）该商标权人无权禁止根据在工业或商业事项中的诚实做法，特别是由有权使用地理名称的人使用该标志或标记。

第4条 集体商标在特点或显著特征方面不存在误导性
（1）公众易于被商标的特点或显著特征误导的，特别是该商标易于被当成其他内容而不是集体商标时，该集体商标不应予以注册。

（2）因此，注册官可以要求申请注册的商标包括表明其是集体商标的说明。

（3）尽管有第27条第（7）款的规定，但是仍然可以对申请加以修改以便于符合任何该等要求。

第5条 集体商标使用管理规定
（1）集体商标的注册申请可与商标使用管理规定一起提交给注册官。

（2）在第（1）款所述规定应指明获授权使用商标的人、成为团体成员的条件以及商标使用条件（如有），包括对滥用的制裁。

（3）第（1）款所述规定必须遵守的任何其他要求，可按规定增加。

第6条 注册官对规定的批准
（1）除非管理商标使用的规定符合下列要求，否则不得对集体商标进行

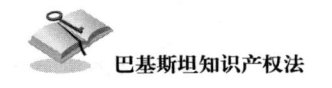

注册：
(a) 符合第 5 条第（2）款的要求和可能规定的任何进一步要求；及

(b) 未违反公共政策或公认的道德准则。

(2) 在公布集体商标注册日期后规定期限结束前，申请人应向注册官提交规定，并支付规定的费用；未能支付费用的，应视为撤销申请。

第 7 条 接受或拒绝申请的程序

(1) 注册官应考虑是否满足第 6 条第（1）款规定的要求。

(2) 注册官认为不满足该等要求的，应通知申请人，允许其在注册官规定的期间作出陈述或提出修正规定。

(3) 申请人无法使注册官信纳其满足该等要求，或未提交修改规定以满足该等要求，或未在规定期间结束前作出回复的，注册官应拒绝申请。

(4) 注册官认为其满足该等要求和其他注册要求的，应接受申请，并根据第 28 条的规定进行处理。

第 8 条 规定应予以公布

(1) 应公布关于集体商标使用的规定，并可就第 6 条第（1）款规定的事项发出异议通知和提出意见。

(2) 第（1）款规定是据以反对申请或提出意见的任何其他理由的补充。

第 9 条 规定可供查阅

注册集体商标使用管理规定应以注册簿相同的方式供公众查阅。

第 10 条 对规定的修订

(1) 对注册集体商标使用管理规定的修订，只有将修订后的规定提交给注册官并由其接受后方生效力。

(2) 在接受任何修订规定前，注册官可在其认为有利的情况下，促使公布经修订的规定。

(3) 注册官公布修订规定的，可就第 6 条第（1）款规定的事项，发出异议通知和提出意见。

第 11 条 对授权使用人权利的侵犯

下列规定适用于注册集体商标的授权使用人，如同适用于商标被许可人一样：

(a) 第 40 条第（7）款；

(b) 第 51 条第（2）款；及

(c) 第 53 条。

第 12 条　侵犯注册集体商标

(1) 本条规定对于授权使用人在注册集体商标受侵犯时的权利，应具有效力。

(2) 获授权使用人有权要求商标权人就影响其利益的任何事项提起侵权诉讼，但须遵守其与商标权人之间的任何相反约定。

(3) 商标权人：

(a) 拒绝如此行事的；或

(b) 在被要求如此行事后 2 个月内未如此行事的，

获授权使用人可以以自身名义提起诉讼，如同其是商标权人一样。

(4) 根据本条提起侵权诉讼的，未经高等法院或知识产权裁决机构许可，在商标权人作为原告加入或追加为被告前，获授权使用人不得继续进行该诉讼。

(5) 第（4）款的规定不得影响就获授权使用人提出申请给予的临时救济。

(6) 根据第（4）款追加为被告的商标权人，除非参与诉讼，否则不承担任何诉讼费用。

(7) 在注册集体商标权人提起的侵权诉讼中，对获授权使用人遭受或可能遭受的任何损失均应予以考虑，高等法院或知识产权裁决机构可就原告应在多大程度上代表该等使用人持有任何金钱救济的收益作出其认为合适的指示。

第 13 条　撤销注册的额外理由

除第 73 条规定的撤销理由外，集体商标注册可出于下列原因予以撤销：

(a) 商标权人使用商标的方式已经导致该商标变得易于以附件 1 第 4 条第（1）款提及的方式误导公众；

(b) 商标权人未能遵守或未能确保遵守商标使用管理规定；或

(c) 对商标使用管理规定作出的修订使得该等规定：

(i) 不再符合第 5 条第（2）款的要求和可能规定的任何进一步条

件；或

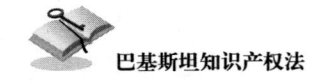

（ⅱ）违反公共政策或公认的道德准则。

第 14 条　注册无效的额外理由

除第 80 条规定的无效理由外，集体商标注册可以以商标注册违反附件 1 第 4 条第（1）款和第 6 条第（1）款为理由宣布无效。

附件 2　证明商标

第 1 条　总　　则

本条例的规定应适用于证明商标，但本附件另有规定的除外。

第 2 条　构成证明商标的标志

就证明商标而言，在第 2 条（xlvii）项提及地将一个企业的商品或服务与其他企业的商品或服务进行区分，应被解释为将已证明的商品或服务与未证明的商品或服务进行区分。

第 3 条　地理来源标记

（1）尽管有第 14 条第（1）款（c）项的规定，可注册的证明商标也可以由区分商品或服务的地理来源的标志或标记组成。

（2）该商标权人无权禁止根据在工业或商业事项中的诚实做法，特别是由有权使用地理名称的人使用该标志或标记。

第 4 条　商标权人的业务性质

商标权人经营的业务涉及提供经认证种类的商品或服务的，不得注册认证商标。

第 5 条　证明商标在特点或显著特征方面不存在误导性

（1）公众易于被商标的特点或显著特征误导的，特别是该商标易于被当成其他内容而不是证明商标时，该证明商标不应予以注册。

（2）因此，注册官可以要求申请注册的商标包括表明其是证明商标的说明。

（3）尽管有第27条第（7）款的规定，也可以对申请加以修改以便于符合任何该等要求。

第6条　证明商标使用管理规定

（1）证明商标的注册申请可与商标使用管理规定一起提交给注册官。

（2）第（1）款所述规定应说明获授权使用证明商标的人、该商标的特征、证明机构如何检验该等特征和监督商标使用、与商标使用相关的任何费用（如有）以及争议解决程序。

（3）第（1）款所述规定必须遵守的任何其他要求，可按规定增加。

第7条　注册官对规定的批准

（1）除非符合下列要求，否则不得对证明商标进行注册：

（a）商标使用管理规定：

（ⅰ）符合第6条第（2）款的要求和可能规定的任何进一步要求；及

（ⅱ）未违反公共政策或公认的道德准则；且

（b）申请人有资格证明该商标注册的商品或服务。

（2）在申请注册证明商标日期后规定期限结束前，申请人应向注册官提交规定，并支付规定的费用；未能支付费用的，应视为撤销申请。

第8条　接受或拒绝申请的程序

（1）注册官应考虑是否满足附件2第7条第（1）款规定的要求。

（2）注册官认为不满足该等要求的，应通知申请人，允许其在注册官规定的期间作出陈述或提出修正规定。

（3）申请人无法使注册官信纳其满足该等要求，或未提交修改规定以满足该等要求，或未在规定期间结束前作出回复的，注册官应拒绝申请。

（4）注册官认为其满足该等要求和其他注册要求的，应接受申请，并根据第28条的规定进行。

第9条　规定应予以公布

除反对申请或提出意见的任何其他理由外，应公布关于注册证明商标使用的规定，并可就附件2第7条第（1）款规定的事项发出异议通知和提出意见。

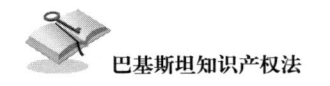

第 10 条　规定可供查阅

注册证明商标使用管理规定应以与注册簿相同的方式供公众查阅。

第 11 条　对规定的修订

（1）对注册证明商标使用管理规定的修订，只有将修订后的规定提交给注册官并由其接受后方生效力。

（2）在接受任何修订规定前，注册官可在其认为有利的情况下，促使公布经修订的规定。

（3）注册官公布修订规定的，可就附件2第7条第（1）款规定的事项，发出异议通知和提出意见。

第 12 条　对注册证明商标转让的同意

未经注册官同意，转让或以其他方式传承注册证明商标无效。

第 13 条　对授权使用人权利的侵犯

下列规定适用于注册证明商标的授权使用人，如同适用于商标被许可人一样：

（a）第40条第（7）款；

（b）第51条第（2）款；及

（c）第53条。

第 14 条　高等法院或知识产权裁决机构考虑获授权使用人遭受的损失

在注册证明商标权人提起的侵权诉讼中，获授权使用人遭受或可能遭受的任何损失均应予以考虑，高等法院或知识产权裁决机构可就原告应在多大程度上代表该等使用人持有任何金钱救济的收益作出其认为合适的指示。

第 15 条　撤销注册的额外理由

除第73条规定的撤销理由外，证明商标注册可出于下列原因予以撤销：

（a）商标权人已开始进行附件2第4条规定的业务；

（b）商标权人使用商标的方式已经导致该商标变得易于以附件2第5条第（1）款提及的方式误导公众；

（c）商标权人未能遵守或未能确保遵守商标使用管理规定；或

（d）对商标使用管理规定作出的修订使得该等规定：

（ⅰ）不再符合附件2第6条第（2）款的要求和可能规定的任何进一步条件；或

（ⅱ）违反公共政策或公认的道德准则；或

（e）商标权人不再有资格证明该商标注册的商品或服务。

第16条 注册无效的额外理由

除第80条规定的无效理由外，集体商标注册可以以商标注册违反附件2第4条、第5条第（1）款和第7条第（1）款为理由宣布无效。

附件3 域 名

第1条 总 则

本条例的规定应适用于域名，但本附件另有规定的除外。

第2条 注册要求

（1）域名如作为源标识符使用的，可以作为相关商品或服务的商标进行注册。

（2）域名注册申请人应证明其通过互联网使用该域名提供商品或服务。该等证据的形式应是显示使用域名作为来源标识符的样本。

解释：就本条而言，在互联网上使用域名来将一个企业与另一个企业的商品或服务进行区分的，该域名应被视为源标识符，但使用域名作为单纯的方向性参考的，类似于使用电话号码或商业地址，不应被视为使用域名作为源标识符。

（3）可以通过规则作出规定，对与互联网相关的计算机服务进行进一步识别和分类。

第3条 地理来源标记

（1）尽管有第14条第（1）款（c）项的规定，但是可注册的域名仍可用以区分商品或服务的地理来源的标志或标记组成。

（2）该标志的所有人无权禁止他人根据在工业或商业中的诚实做法使用该标志或标记，特别是由商标使用地理名称的人所使用。

第 4 条 域名在特点或显著特征方面不存在误导性

（1）公众易于被商标的特点或显著特征误导的，特别是该商标易于被当成其他内容而不是域名时，该域名不应予以注册。

（2）因此，注册官可以要求申请注册的商标包括表明其是域名的说明。

（3）尽管有第 27 条第（7）款的规定，也可以对申请加以修改以便于符合任何该等要求。

第 5 条 受理、异议和注册程序

本条例中适用于商标的受理、注册和异议的规定，亦适用于域名。

第 6 条 注册期间和续展

尽管有第 32 条和第 33 条的规定，域名注册期间为自注册之日起 5 年，但是只要该域名在互联网上实际使用，其可按相同期限续展。

第 7 条 第 73 条的规定不适用于域名

第 73 条的规定不适用于域名。

第 8 条 规　　则

可以通过规则作出规定，对与互联网相关的计算机服务进行进一步识别和分类。

附件 4　过渡性规定

第 1 条 引　　言

（1）在本附件中：

（a）现有注册商标，指在本条例生效前，根据 1940 年商标法（1940 年第 5 号）注册的商标或证明商标；

（b）1940 年法，指 1940 年商标法（1940 年第 5 号）；

（c）旧法，指在本条例生效前适用于现有注册商标的 1940 年法和届时有效的任何法律。

（2）就本附件而言：

（a）在本条例生效前已提出但尚未最终确定的申请，应视为未决；且

（b）提出申请的日期根据 1940 年法应被视为提交日期。

第 2 条 现有注册商标

（1）现有注册商标在本条例生效时应转至注册簿，且除本附件另有规定外，应如同根据本条例注册一样具有效力。

（2）根据 1940 年法第 11 条第（3）款规定以系列商标注册的现有注册商标，应以同样方式在新注册簿中进行注册。

（3）可通过规则作出规定，将该等记项以本条例规定的记项形式进行记录。

（4）在任何其他情况下，指明现有注册商标与其他商标有关联的注释，应在本条例生效时即告失效。

第 3 条 免责声明、限制和条件

在本条例生效前，在根据 1940 年法备存的注册簿上填写的、与任何现有注册商标有关的免责声明、限制或条件应转至注册簿，并应具有与根据第 15 条填入注册簿相同的效力。

第 4 条 侵权的效力

（1）除第（3）款的规定外，第 39 条至第 42 条的规定自本条例生效时起适用于现有注册商标，第 46 条的规定适用于本条例生效后作出的侵犯现有注册商标的行为。

（2）旧法应继续适用于在本条例生效之前发生的侵权行为。

（3）下列行为不构成侵权：

（a）现有注册商标；或

（b）与现有注册商标的显著特征相同或实质上相同且针对相同商品或服务进行注册的注册商标；

在本条例生效后，继续使用，但该使用根据旧法不得构成对现有注册商标的侵权。

第 5 条 侵权商品、材料和物品

第 48 条的规定应适用于在本条例生效之前或之后制作的侵权商品、材料

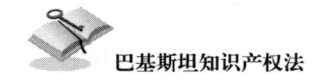

或物品。

第 6 条　被许可人或获授权使用人的权利和救济

（1）第 75 条的规定应适用于在本条例生效之前授予的许可，但是仅针对本条例生效后实施的任何侵权行为。

（2）附件 2 第 14 条的规定应仅适用于在本条例生效之前发生的侵权行为。

第 7 条　注册商标的共有

第 24 条的规定应自本条例生效之日起适用于在本条例生效之前将两人或多人注册为共有权人的现有注册商标；

但只要共有权人保持 1940 年法第 17 条第（2）款所述关系，则应被视为其约定排除第 24 条第（2）款和第（3）款的规定。

第 8 条　注册商标的转让

（1）第 67 条的规定应适用于在本条例生效后发生的，与现有注册商标有关的交易和事项，并且旧法应继续适用于在本条例生效之前发生的交易和事项。

（2）在本条例生效后，根据 1940 年法第 35 条记录的现有记项应转至注册簿，且具有与根据第 70 条记录的记项相同的效力。

（3）根据 1940 年法第 35 条提出的注册申请，在本条例生效时在注册官席前仍未决的，应视为根据第 70 条提出的注册申请，并应相应地进行处理；

但注册官可要求申请人修订其申请，以符合本条例的要求。

（4）在本条例生效之前，根据 1940 年法第 35 条提出的、已由注册官决定但尚未作出最终决定的注册申请应根据旧法处理，且第（2）款的规定应适用于在注册簿内由此产生的任何记项。

（5）在本条例生效前有人通过转让或传承对现有注册商标享有权利，但未注册其所有权的，在本条例生效后的任何注册申请应根据第 70 条提出。

（6）在第（3）款或第（5）款规定适用的情况下，1940 年法第 35 条第（2）款的规定应继续适用，且就未注册的后果而言，不适用第 68 条第（3）款的规定。

第 9 条　注册商标的许可

（1）第 73 条和第 74 条第（2）款的规定应仅适用于在本条例生效后授予的许可，且旧法应继续适用于本条例生效之前向获授权使用人授予的许可。

（2）在本条例生效后，根据 1940 年法第 39 条记录的现有记项应转至注册簿，且具有与根据第 70 条记录的记项相同的效力。

（3）可以根据规则作出规定，以本条例规定要求填写记项相同的形式填写在第（2）款中提及的记项。

（4）作为注册使用人进行注册的申请，在本条例生效时在注册官席前仍未决的，应被视为根据第 70 条第（1）款提出的许可注册申请，并应相应地进行处理；

但注册官可要求申请人修订其申请，以符合本条例的要求。

（5）作为注册使用人进行注册的申请，在本条例生效时已由注册官决定但尚未作出最终决定的，应根据旧法律处理，且第（2）款的规定应适用于在注册簿内由此产生的任何记项。

（6）在本条例生效后根据 1940 年法第 42 条未决的任何程序应根据旧法处理，且应对注册簿作出任何必要的改动。

第 10 条　未决注册申请

（1）根据 1940 年法提出的商标注册申请，如根据 1940 年法第 15 条第（1）款或该条第（1）款的但书进行公布，或在本条例生效前已发出公布命令的，应根据旧法处理，但须符合下列各款规定；已注册的，就本附件而言，该商标应视为现有注册商标。

（2）本条例生效后，1940 年法第 12 条关于处理注册申请的规定不予考虑。

第 11 条　未决申请的转换

（1）本条例生效前未决注册申请尚未根据附件 4 第 15 条第（1）款或 1940 年法第 15 条第（1）款但书公布，也尚未作出进行此类公布命令的，申请人可以通知注册官，主张根据本条例规定确定该商标的可注册性。

（2）根据第（1）款发出的通知应以规定格式，在支付相关费用后，在本条例生效后不迟于 12 个月发出。

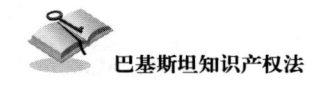

（3）根据第（1）款按照规定发出的通知不可撤销，具有申请应被视为在本条例生效后立即作出的效力。

第 12 条　按照旧分类注册的商标

注册处长可行使其权力，确保不符合第 12 条所规定分类制度的任何现有注册商标符合该制度要求。

第 13 条　海外申请主张优先权

尽管公约申请是在本条例生效前提出的，但是第 25 条规定仍适用于在本条例生效后根据本条例提出的注册申请。

第 14 条　注册的期间和续展

（1）第 32 条第（1）款的规定适用于根据本条例生效后提出的申请而进行的商标注册，而旧法适用于任何其他情况。

（2）因本条例生效之日或之后未能续期的，适用第 32 条第（2）款和第 33 条的规定，而在任何其他情况下，旧法继续适用。

（3）在第（1）款或第（2）款提及的任一情况下，何时支付费用无关紧要。

第 15 条　未决注册商标变更申请

根据 1940 年法第 48 条提出的但在本条例生效后未决的申请，应根据旧法处理，并应在注册簿中作出任何必要的变更。

第 16 条　因不使用而撤销

（1）根据 1940 年法第 37 条提出的但在本条例生效后未决的申请，应根据旧法处理，并应在注册簿中作出任何必要的变更。

（2）根据第 73 条第（1）款（a）项或（b）项提出的申请，可在本条例生效后任何时间就现有注册商标提出。

但是，在本条例生效后 5 年内，不得根据 1940 年法第 38 条申请撤销现有注册商标的注册。

第 17 条　更正申请

（1）根据 1940 年法第 46 条或第 47 条提出的但在本条例生效后未决的申

请，应根据旧法处理，并应在注册簿中作出任何必要的变更。

（2）根据针对现有注册商标适用的第 80 条提起的程序而言，本条例的规定在所有关键时间均视为已生效；

但是，不得以第 17 条第（3）款规定的理由与先前为不同商品注册的商标相冲突而对现有注册商标的有效性提出异议。

第 18 条　与证明商标使用有关的规定

（1）调整根据 1940 年法存放在商标注册处的现有注册证明商标的使用规定，在本条例生效后，应视作根据附件 2 第 6 条提交。

（2）本条例生效前任何有关修订规定的要求，均应根据旧法处理。

知识产权组织法

・2012 年第 22 号法案・

知识产权组织法[*]

（巴基斯坦政府特别公报
星期四，2012 年 12 月 6 日，伊斯兰堡）

第 1 部分

法令、条例、总统令和规章；

参议院秘书处；

伊斯兰堡，2012 年 12 月 6 日；

编号 F.9（10）/2012 – Legis。

巴基斯坦议会通过并于 2012 年 12 月 3 日获得总统批准的法案，公布如下，以供公众知悉：

鉴于包括版权、商标、专利、外观设计、集成电路布图设计、商业秘密和其他知识产权法在内的知识产权，在其他法律的支持下，是促进经济增长的有力工具。保护公民的这些以及类似知识产权对于培养创造性思维、激发创造力、激励技术创新和吸引投资至关重要；

鉴于有必要建立巴基斯坦知识产权组织，以便在国家机构中作出制度安排，以综合方式专门和全面地处理与知识产权有关的所有主题和事项，以及与此相关或附带的事项；

特此制定如下法律。

第 1 条　简称、效力范围和生效日期

（1）本法可称为 2012 年巴基斯坦知识产权组织法。

---

* 本译文根据巴基斯坦知识产权组织官网发布的巴基斯坦知识产权组织法英语版本翻译。——译者注

（2）本法适用于巴基斯坦全境。

（3）本法自 2012 年 8 月 28 日起生效，但第 15 条、第 16 条、第 17 条、第 18 条和第 19 条的规定除外，其生效日期由联邦政府通过官方公报通知确定。

第 2 条　定　义

在本法中，除与主题或者上下文相抵触：

（a）委员会，指根据第 4 条组成的政策委员会；

（b）主席，指根据第 9 条任命的组织主席；

（c）法典，指 1898 年刑事诉讼法（1898 年第 5 号）或 1908 年民事诉讼法（1908 年第 5 号）（视情况而定）；

（d）总干事，指根据第 12 条任命的总干事；

（e）雇员，指本组织的任何官员或工作人员，但不包括按日薪或临时雇用的人员；

（f）基金，指根据第 26 条设立的基金；

（g）知识产权包括商标、专利、工业品外观设计、集成电路布图设计（拓扑图）、版权及相关权利和所有其他附属权利；

（h）知识产权法，指附表中规定的法律；

（i）成员，指董事会成员；

（j）罪行，指知识产权法中定义的罪行；

（k）组织，指根据第 3 条建立的巴基斯坦知识产权组织；

（l）规定，指规则规定；

（m）规则，指根据本法制定的规则；

（n）条例，指根据本法制定的条例；

（o）秘书，指本组织总干事；

（p）附表，指本法的附表；

（q）法庭，指根据第 16 条设立的知识产权法庭。

第 3 条　组织的建立

（1）应建立一个名为"巴基斯坦知识产权组织"的组织以实现本法的宗旨。

(2) 该组织是一个拥有永久承继权和公章的自治机构，在遵守本法规定的前提下，有权持有和处置动产和不动产，并以上述名称起诉和被起诉，并可签订合同，可根据其认为合适的条款，获取、购买、取得、持有、享有、转售、转让、交出、放弃、抵押、按揭、转让、再转让、转移或以其他方式处置或处理各种动产或不动产或归属于它的任何权益。

(3) 该组织总部设在巴基斯坦首都。经委员会批准，该组织可在其认为适当的巴基斯坦境内的任何地方设立或关闭办事处。

第 4 条　政策委员会

(1) 联邦政府应在官方公报上发布公告，成立本组织的政策委员会，由主席和第（2）款规定的其他 14 名成员组成。

(2) 委员会由下列人员组成：

(a) 5 名来自公共部门的成员，他们是：

(ⅰ) 巴基斯坦政府内阁秘书，当然成员；

(ⅱ) 巴基斯坦政府内政秘书，当然成员；

(ⅲ) 巴基斯坦政府商务秘书，当然成员；

(ⅳ) 巴基斯坦政府新闻和广播局秘书，当然成员；

(ⅴ) 联邦税收委员会主席，当然成员；

(b) 联邦政府从私营部门任命的 5 名成员；及

(c) 4 名来自各省的成员，由各省政府推荐，联邦政府任命。这些成员的资格标准应由联邦政府在与主席协商后，通过官方公报发布公告予以规定。

(3) 主席应为委员会主席。

(4) 总干事兼任委员会秘书。

(5) 如第（2）款（a）项所指明的任何委员缺席或不能出席委员会会议，他可授权其所属部门一名级别不低于 BPS-20 职级的官员出席会议。

(6) 如赞成与反对的票数相同，主席应投决定票。

(7) 来自私营部门的成员由联邦政府任命，任期 3 年，并有资格连任 3 年。

(8) 如成员死亡、辞职或被免职，可任命另一人担任第（7）款规定任期的成员。

(9) 下列人士不得获委任或继续担任议员：

（a）曾因涉及道德败坏的罪行而被定罪；或

（b）已无力偿债或被裁定无力偿债；

（c）因身体、心理或精神状况不佳而无法履行其职责，并经联邦政府指定的注册医生宣布为无法履行其职责；及

（d）因任何其他原因被视为无法履行职责。

第5条 联邦政府的权力

尽管本条有任何规定，但是联邦政府可通过在官方公报上的通知，增加或减少委员会成员的人数，并向本组织发出指示。

第6条 委员会的职能等

（1）委员会负责制定本组织的目标和政策方针。

（2）在不违反本法规定的情况下，特别是在不影响第（1）款的一般性的前提下，委员会应：

（a）就下列问题作出政策决定并向联邦政府提出建议：

（ⅰ）制定程序和服务结构，并提出专门用于确保巴基斯坦知识产权法律保护的服务规则；

（ⅱ）与有关机构协调，确保在巴基斯坦实施知识产权；及

（ⅲ）就联邦政府或本组织提交的任何政策事项发表书面意见；

（b）审议和批准本组织的政策、计划和方案；

（c）审议并批准（无论是否经过修改）与执行该组织根据本法建议作出的政策决定有关的任何规定；

（d）为利用通过服务、捐赠、投资或赠款等产生或获得的资金制定程序和必要的框架；

（e）规定并建议本组织在联邦政府批准下为实施本法而收取的费用、罚金和其他收费；及

（f）行使本法授予或分配给它的一切权力和履行一切职能。

（3）就本组织管辖范围内的一切和任何事项作出的一切政策决定，包括改变先前制定的政策，应仅由委员会作出。

（4）委员会的所有政策决定和指示均应在官方公报上公布。

第7条 授　　权

委员会可在遵守上述限制、约束或条件的前提下，通过一般或特别书面命令，将其全部或任何权力和职能委托给主席。

第8条　委员会会议

（1）委员会会议应由主席召集并根据主席的指示召开。

但联邦政府可在任何时候就需要委员会作出决定的任何事项指示召开委员会会议。

（2）委员会应根据履行其职能的需要随时召开会议，但在1个日历年内不得少于2次。

（3）委员会会议的法定人数为全体委员的简单多数。只有在达到法定人数后，方可提交会议议程。委员会的决定应由出席并参加表决的成员的简单多数通过。

（4）在不违反本法规定的情况下，委员会的程序和事务处理应由条例规定。

（5）委员会的任何行为或程序不得仅因委员会的组成出现空缺而无效。

（6）如果主席因故缺席或职位空缺，内阁秘书应主持委员会会议。

第9条　主　　席

（1）本组织设主席1名，由联邦政府任命，任期3年。

（2）主席应享有规定的特权和津贴。

（3）主席可随时书面通知联邦政府辞去主席职务。

（4）因主席去世或辞职而造成的本组织空缺，应由联邦政府在该空缺出现后90天内填补。

（5）主席可通过书面的一般命令或特别命令，将其全部或任何权力和职能委托给总干事，包括根据第7条委托给他的权力，但须遵守有关限制、约束或条件。

第10条　成员的特权和津贴

除公共部门成员外，其他成员有权享有规定的特权和津贴。

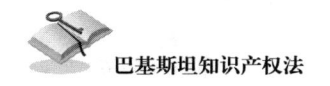

第 11 条 主席的职能和权力

（1）主席应主持董事会会议。

（2）主席应督促和监督总干事履行本法规定的职责和责任，并在认为必要时对总干事进行指导和指示。

（3）主席应行使本法赋予或分配给他的所有权力并履行所有职能。

第 12 条 总干事

（1）本组织设总干事一名，由联邦政府与主席协商后任命，其任职条件由联邦政府规定。

（2）除非联邦政府官员的级别不低于 BPS-21 职级，否则不得被任命为总干事。

（3）总干事是本组织的职能负责人，负责本组织的日常行政事务。

（4）总干事应遵守联邦政府、主席或委员会不时发布的指示和决定。

（5）总干事应协助主席制定政策框架，以更新本组织，并履行国家在提交委员会批准之事项上的义务。

（6）总干事有权根据本法以及联邦政府、主席和委员会的决定，管理本组织的人力资源和其他资源。

第 13 条 本组织的权力和职能

本组织的权力和职能应为：

（ⅰ）管理和协调所有政府系统，以保护和加强据此制定的知识产权法律、法规和规章；

（ⅱ）管理或实施与知识产权有关或相关的措施和标准；

（ⅲ）认可或认证任何人为知识产权代理人；

（ⅳ）经联邦政府批准，对本组织及其成员机构提供的服务和设施收取费用；

（ⅴ）开展本组织认为必要的其他工作或活动，以充分利用本组织的资产；

（ⅵ）会同其他主管部门、国际机构或组织协调、监督或参与任何与知识产权有关的研究、培训或合作项目；

（ⅶ）签订履行其职责和职能所需的货物、服务或材料供应合同或工程施工合同；

（ⅷ）控制、管理、监督、指导和协调根据知识产权法设立的所有知识产权局，和根据联邦政府通知的依据知识产权法设立的任何其他局或登记处，以及任何其他规定的登记处或局的工作；

（ⅸ）发展和维持一种系统，以便提供对本组织保存或维护的任何知识产权有关的公开文件和信息的访问；

（ⅹ）就与知识产权有关的政策向联邦政府提供建议；

（ⅺ）规划巴基斯坦知识产权基础设施和能力的发展和升级；

（ⅻ）促进知识产权领域的教育和研究；

（ⅹⅲ）在知识产权领域的国际谈判方面向联邦政府提供建议；

（ⅹⅳ）从事人力资源开发并对其官员和员工进行培训；

（ⅹⅴ）通过印刷和电子媒体等方式提高公共和私营部门对知识产权问题的认识；

（ⅹⅵ）就能力建设和信息交流与其他国家的知识产权相关组织保持联系和互动；

（ⅹⅶ）提出和发起知识产权立法，以保护巴基斯坦的知识产权；

（ⅹⅷ）通过指定的政府、联邦或省级执法机构发起和监督知识产权的执法和保护，并收集相关数据和信息；

（ⅹⅸ）根据规定的方式启动和进行与违法行为有关的调查和程序；

（ⅹⅹ）将与附表所列法律项下的违法行为有关的事项和投诉提交给为实现本法而必要的有关执法机构和当局；

（ⅹⅺ）就任何与知识产权有关的事项，包括知识产权的遵守、执行和侵权，向任何法人或自然人提供建议；

（ⅹⅻ）编制工作手册、参考资料、材料和程序，以帮助改善知识产权的保护；

（ⅹⅹⅲ）从事知识产权宣传；

（ⅹⅹⅳ）协调关于知识产权的外援技术援助项目的实施；

（ⅹⅹⅴ）经联邦政府批准参加外国资助的国际论坛、会议、会议或培训项目等；

（ⅹⅹⅵ）努力推动符合国家最佳利益的条约的批准；

（ⅹⅹⅶ）履行和执行由委员会或联邦政府指定的与知识产权有关的任何其他行为、事项或职能。

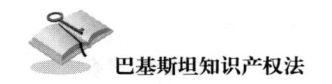

第 14 条　知识产权宣传

（a）提高对知识产权问题的认识并开展培训，并采取保护知识产权所必要的其他行动；

（b）审查知识产权政策框架，并就修改影响巴基斯坦知识产权的其他法律向联邦政府和省政府提出适当建议；

（c）就影响巴基斯坦知识产权状况或影响国家在这方面的商业活动的任何事项举行公开听证会，并就该问题公开发表意见；

（d）在其网站上公布正在审查和已完成的查询、教育材料等；及

（e）与贸易协会和其他有关组织或论坛协调，提高对附表所述法律的认识和实施。

第 15 条　对于犯罪行为的审判

尽管当时有效的任何其他法律有任何规定，但是被告应在法庭因犯罪行为受到起诉和审判，案件应逐日审理，并在 90 天内结案。

第 16 条　设立知识产权法庭

（1）联邦政府可通过在官方公报上的通知，设立任何认为必要的法庭，以根据本法行使司法管辖权，并为每一法庭任命一名首席法官，如设立多个法庭，则应在通知中指明每一法庭行使司法管辖权的地域限制。

（2）若在相同的地域限制内设立了多个法庭行使司法管辖权，则联邦政府应确定每个法庭的地域限制。

（3）若在相同或不同的地域限制内设立了多个法庭，高等法院如认为为了司法公正或为当事人或证人的方便而适宜这样做，则可将任何案件从一个法庭转至另一个法庭。

（4）法庭庭长应由联邦政府在与设立法庭的有关高等法院首席大法官协商后任命，任何人不得被任命为法庭庭长，除非具备下列条件：

（a）曾担任高等法院法官；或

（b）现为或曾为地方法院法官；或

（c）有资格获委任为高等法院法官的律师。

（5）法庭应在其管辖范围内由联邦政府确定的地点开庭。

（6）非地方法院法官的法庭庭长，应从就职之日起任职 3 年。

（7）被任命为法庭庭长的人员的薪水、津贴及其他服务条件，应由联邦政府决定。

（8）非地方法院法官而被任命为法庭庭长的人，可以书面通知向联邦政府辞职。

（9）法庭庭长在任期届满前，如未咨询有关高等法院首席法官，则不得被免职或调离其职位。

（10）法庭庭长有资格连任，任期相同，并于年满65周岁或任期届满时（以较早者为准）停止任职。

（11）若法庭认为必要，可由在知识产权事务方面具有经验和专门知识的专家协助处理任何案件所涉及的知识产权的技术问题。

（12）专家的报酬及支付方，应由法庭考虑到每一案件的情况确定。

第17条　法庭的权力

（1）根据本法的规定，法庭应：

（a）在行使民事管辖权时，享有1908年民事诉讼法（1908年第5号）赋予民事法院的一切权力；

（b）在行使其刑事管辖权时，审判根据本法应受惩罚的罪行，并应出于此目的享有根据1898年刑事诉讼法（1898年第5号）赋予刑事法院的同样权力。

（2）对于本法未规定程序的所有事项，法庭应遵循法典规定的程序。

（3）法庭审理的所有诉讼应被视为巴基斯坦刑法典（1860年第45号）第193条和第228条意义上的司法诉讼。

（4）除第（5）款另有规定外，法庭以外的任何法院不得对根据本法属法庭管辖的任何事项拥有或行使管辖权。

（5）第（4）款的任何规定均不应被视为影响在本法生效前在该法院进行的任何未决诉讼。

（6）根据知识产权法在任何法院提起的所有未决诉讼和程序，应移交给根据本法具有管辖权的法庭，由其审理和结案。在根据本款移交诉讼程序时，当事各方应在先前确定的日期在有关法庭出庭。

（7）对于根据第（6）款移送法庭的诉讼程序，法院应从该诉讼程序在移送法庭之前已达到的阶段开始，并且无义务重新传唤或重新听取任何证人的证词，并可根据移送法庭的法院已记录或出示的证据作出裁决。

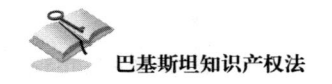

第 18 条　法庭的管辖权

（1）有关侵犯知识产权法的一切诉讼和其他民事程序均应在法庭提起和审理。

（2）尽管当时有效的任何其他法律中有任何规定，但是法庭对审判知识产权法下的任何犯罪行为均具有专属管辖权。

第 19 条　法院上诉

任何不服本法规定的法庭的最终判决和命令的人，可在法庭作出最终判决或命令后 30 天内，向对法庭具有地域管辖权的高等法院提出上诉。

第 20 条　验证本组织的命令和其他文书

本组织发出的所有命令、决定和所有其他文件，仅应由总干事为此授权的该名或多名官员签字验证。

第 21 条　禁止使用某些名称、标志、印章等

任何人不得使用：

（a）任何可能与本组织的名称、标志或印章相似的名称、标志或印章，或确定该名称或该名称的任何缩写的名称、标志或印章；或

（b）包含"巴基斯坦组织"的表述或其任何缩写的，与任何物品或过程相关的任何标记或知识产权。

第 22 条　其他机构行使本组织的权力

联邦政府在与本组织协商后，可以在官方公报上发布通知，指示本组织在本法项下可行使的任何权力，在涉及该指示中规定的事项和条件的情况下，也可由该通知中规定的机构或组织行使。

第 23 条　保密事项

本组织或其任何官员收到的与任何物品或程序有关的任何信息，根据本法或任何其他现行有效法律的规定，应被视为保密信息，不得向任何人传达或透露；

但本条规定不适用于为本法规定的起诉而披露的任何信息。

第 24 条　由本组织任命官员等

（1）经委员会事先批准，本组织可按照可能规定的条款和条件，设立职位并任命该等官员、雇员、专家和顾问。

（2）总干事应有权调动和派遣本组织、商标注册处、版权局、专利局和根据知识产权法拟设立的任何其他局的所有官员、雇员和公务人员，以使本组织适当和有效地开展工作。

（3）在本组织工作的公务员应受 1973 年公务员法（1973 年第 71 号）和根据该法制定的规则的管辖，除非被本组织吸收。

第 25 条　成员和官员等属于公务员

本组织的主席、总干事、官员、雇员、专家和顾问，在根据本法的任何规定行事或意图行事时，应被视为巴基斯坦刑法典（1860 年第 45 号）第 21 条意义上的公务员。

第 26 条　巴基斯坦知识产权组织基金

（1）应设立一项名为"巴基斯坦知识产权组织基金"的基金，该基金应归属于本组织，并由本组织用于支付与其在本法项下的职能有关的费用，包括支付工资、公积金、贷款和预付款、员工福利援助计划，向主席、总干事、官员、雇员、本组织的专家和顾问的其他报酬，以及本组织所支付的服务费用。该基金还可用于本组织安排的有关知识产权的讲习班、研讨会和其他活动。

（2）该基金的资金来源如下所示：

（a）联邦政府或省政府提供的拨款和贷款；

（b）国内或国际机构的贷款、援助和捐款；

（c）征收各种费用或收费等所获得的收入；及

（d）本组织投资所得的收入和利润。

（3）该基金应存放在组织在巴基斯坦的任何一家商业银行开立的一个或多个账户中，以本地货币或外币存储，并根据董事会的指示进行操作。

第 27 条　预　　算

本组织应在规定的日期，就每一财政年度向联邦政府提交一份收支概算，

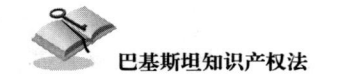

包括下一财政年度的外汇需求，以便联邦政府批准。

第 28 条　审计和账目

（1）本组织的账目应按会计总监规定的方式保存。

（2）巴基斯坦审计长应对本组织的账目进行审计。

（3）审计报告的副本应连同本组织的意见一起送交联邦政府。

（4）联邦政府可向本组织发出指示，要求纠正巴基斯坦审计长所提出的任何异议项目，本组织应遵守该指示。

第 29 条　修订附表的权力

联邦政府可在与委员会协商后修改附表，以增加或修改或删减附表中的任何记项。

第 30 条　提交年度报告及报表

（1）在每个财政年度结束后的 3 个月内，委员会应向联邦政府提交一份年度报告，连同经审计员核证的本组织的账目报表副本和审计员报告副本，内容涉及委员会的活动情况，包括其现有计划、项目的状况和为促进其宗旨和目标而制订的进一步计划。

（2）联邦政府可要求本组织提交：

（a）与本组织控制下的任何事项有关的任何回报、报表、概算、统计数字或其他资料；

（b）本组织所涉及的任何主题的报告；及

（c）本组织负责的任何文件的副本。

第 31 条　保护根据本法采取的行动

就根据本法或根据本法制定的任何规则或法规善意作出的或意图作出的任何行为，不得对联邦政府、委员会、本组织或任何代表联邦政府或本组织行事的人提起任何诉讼、起诉或其他法律程序。

第 32 条　本法任何规定之豁免

联邦政府可以在官方公报上发布公告，豁免任何物品或任何类别的物品适用本法的全部或任何条款。

第 33 条　政策指令

联邦政府可在其认为必要时,就委员会的角色和职能向其发布政策指令,该等指令的遵守对委员会具有约束力。

第 34 条　制定规则的权力

经联邦政府批准,本组织可在官方公报上发布公告,制定用于实现本法目的的规则。

第 35 条　制定规章制度的权力

经委员会事先批准并在官方公报上发布通知,本组织可以制定与本条例或根据本法制定的规则不相抵触的规章,以实现本法的目的。

第 36 条　商标注册处、版权局和专利局的整合

尽管当时有效的任何其他法律中有任何规定,但是在本法生效后,商标注册局、版权局和专利局(以下简称"上述局")应成为本组织的一部分:

(a) 所有资产权利、权力、权限和特权以及所有动产和不动产、现金和银行结余、储备金、投资和所有其他与此类财产相关或因此而产生的利益和权利,以及上述局在合并前一直存在的任何一种债务、责任和义务,应全部转移并归本组织所有;

(b) 上述局的所有官员和其他雇员,尽管有任何法律或任何协议、契约、文件或其他文书的规定,也应被吸收和转移到本组织,并应被视为是由本组织按照不低于上述局的条件任命或雇用的;服务被吸收和转移的任何官员或其他雇员都无权因此吸收或转移而获得任何补偿;这些官员和其他雇员可选择继续担任公务员或成为本组织的雇员;一旦行使选择权,选择将是不可撤销的;在行使选择权后,该雇员就一切目的而言不再是公务员,并有权享有适用于本组织雇员的薪酬、津贴和其他雇用条款和条件;如果该人选择继续担任公务员,则其应继续受 1973 年公务员法(1973 年第 71 号)及其下制定的所有附属规则的管辖;本组织应按照适用于公务员的规则为其缴纳养老金、酬金和最终的公积金;

(c) 上述局合并前所发生的一切债务和义务、所签订的合同或所取得的权利,以及与上述局合作或为上述局办理的一切事项,均应视为本组织已发

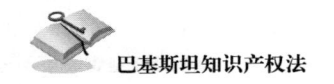

生、参与、取得或为本组织办理；及

（d）上述局在合并前提出或对其提出的一切诉讼和其他法律程序，应视为本组织提出或对本组织提出的诉讼和程序，并可据此进行或以其他方式予以处理。

第37条 当局协助和援助本组织

联邦和各省的所有有关执法机构和当局均有义务向本组织提供主席或总干事认为出于实现本法目的是适当和恰当的而提出或要求的充分和全面的协助。

第38条 消除困难

若在实施本法时出现任何困难，为消除该等困难，联邦政府可作出其认为合适的命令，而任何该等命令应被视为本法条款的一部分，并予以实施。

第39条 本法优先

即使与任何其他现行有效法律中所包含的任何条款不一致，本法的条款也应有效。

附　　表

[见第2条（h）项]

（1）2001年商标条例（2001年第19号）。
（2）1962年版权条例（1962年第34号）。
（3）2000年专利条例（2000年第61号）。
（4）2000年注册外观设计条例（2000年第45号）。
（5）2000年注册集成电路布局设计条例（2000年第49号）。
（6）巴基斯坦刑法典（1860年第45号）的第478条、第479条、第480条、第481条、第482条、第483条、第485条、第486条、第487条、第488条和第489条。